HOW TO MANAGE BEHAVIOUR IN THE CLASSROOM

如何管理课堂行为

[英]麦克·格尔森（Mike Gershon）著

THE COMPLETE GUIDE

中国青年出版社

图书在版编目（CIP）数据

如何管理课堂行为 /（英）麦克·格尔森著；刘卓，唐婧雯，于梦瑶译
—北京：中国青年出版社，2024.1
书名原文：How to Manage Behaviour in the Classroom: The Complete Guide
ISBN 978-7-5153-7094-1

Ⅰ. ①如… Ⅱ. ①麦… ②刘… ③唐… ④于 Ⅲ. ①课堂行为 Ⅳ. ①G441

中国国家版本馆CIP数据核字（2023）第227834号

如何管理课堂行为

作　　者：[英] 麦克·格尔森
译　　者：刘　卓　唐婧雯　于梦瑶
责任编辑：肖妩嫔
文字编辑：郑敏芳
美术编辑：杜雨萃
出　　版：中国青年出版社
发　　行：北京中青文文化传媒有限公司
电　　话：010-65511272 / 65516873
公司网址：www.cyb.com.cn
购书网址：zqwts.tmall.com
印　　刷：大厂回族自治县益利印刷有限公司
版　　次：2024年1月第1版
印　　次：2024年1月第1次印刷
开　　本：787mm × 1092mm　　1/16
字　　数：112千字
印　　张：9.5
京权图字：01-2022-6541
书　　号：ISBN 978-7-5153-7094-1
定　　价：49.90元

目录
Contents

致 谢

Acknowledgements

本人先后在伦敦大学教育学院、中央基金会女子学校和诺尔山中学开展培训活动，之后在皮姆利科学院和伯里圣埃德蒙兹的爱德华国王六世学校任教。感谢一直以来合作的同事和学生，他们非常优秀，而且始终支持我的工作。特别感谢皮姆利科学院的库尔特和凯茜，他们高超的行为管理技巧曾令初上讲台的我获益匪浅。

引　言
Introduction

各位读者好，欢迎阅读《如何管理课堂行为》。本书将提供实用易行的策略、实测有效的方法、卓有成效的技巧和一线教师的建议，目的是营造专注、积极的课堂氛围。

本书以课堂实践为根本，以教学经验为基础。虽然没有灵丹妙药，也没有神通广大的法宝，但由此开始，本书会帮助你培养课堂文化，让你成效显著、突飞猛进，让课堂饶有趣味、硕果累累，让学生记住、重视并从中获益。

书中的内容基于一个简单的观点：我们在教儿童和青少年学习，不仅教正规课程，还教道德、礼仪和行为——这么多年来一直如此。

作为教师，我们的工作是教学生什么可以做、什么不可以做、特定情况下怎么做、有哪些不成文的社会规则以及怎样努力达到并超越他人的高期望。

我们应把行为当成学生学习内容的一部分，这样在处理教学中最乏味、最棘手的行为问题时，就能用自己最擅长的教学方法应对。

你一定可以成为一名优秀的教师。你知道如何备课、拓展思维、提高理解能力，还知道如何激发学生的好奇心，引导他们深入思考。你可以运用已具备的能力来有效、出色地管理他们的行为。

我们把行为管理当成教学的拓展内容，并非不要求学生好好表现，也并非不惩罚违反规则的学生，而是把行为视作学生的学习内容。反复试错、自由玩闹是成长的基石，拓宽了童年和青少年阶段的行为界限。无论行为是否有意，这都是他们尝试确认与周遭世界交流的方法。

这样去理解行为至关重要。

我们认为学生正在学习行为，等于默认了行为是可以改变的。因此，我们不要给孩子贴标签，只针对行为，比如，不要说“你是个淘气鬼”，而是说“你的行为惹麻烦了，希望你能改正”。第一种表达方式给学生本人贴上了一成不变的标签，而第二种只针对他们的行为，表明他们可以改变。显而易见，第二种方法更可取。

以上述观点为前提，这里概述一下本书各章的内容。第一章是基础，探讨了行为是什么、从何而来以及如何批判地看待课堂行为。在此基础上，第二章对课堂行为进行了社会学分析，说明如何有效思考理想的学习环境并加以构建。

第三章阐述规则、界限和一致性，先讨论如何制订规则和界限，然后解释一致性的重要意义。第四章着眼于实用的策略，以确保教学规划能够有效促进优秀行为。

第五章的重点转向至关重要的行为管理工具：表扬。第六章讨论许多教师在行为管理方面面临的一个棘手问题：如何杜绝轻微违纪。

第七章和第八章互相照应，前者着眼于创造参与感的策略，后者探讨建立融洽师生关系的方法。第九章则聚焦于一系列常见的行为问题和具体情形，并为每种情况提供3种解决方案。

本书所有章节的最后都对主要内容进行了重点概括，而第十章则汇总所有重点内容以便参考，以供需要但时间有限时阅读。

至此，前路已经铺好，接下来就由我引领你沿着这条路前行。希望沿途你能有所收获，感到既实用又有趣。最重要的是，希望这次旅行能帮助并促使你在教学中营造绝佳的学习氛围。

What is Behaviour?

第一章

课堂行为的重要性

首先，我们必须给“行为”一词下个准确的定义，这样才能更明白在给满屋子的学生上课时我们想要管理的是什么。如果没有关于“行为”的准确定义，我们将一直处于不确定的状态，很难对课堂的行为进行批判性的思考、恰当的管理，也很难对努力成果进行准确的反思。

这种方法很容易被忽视，毕竟我们对“行为”一词相当熟悉。但为了高效地管理课堂行为，我们必须首先明确内涵，理清现阶段思维所依赖的假设。忽视了行为的定义，就是忽视了我们今后实践的重要基础。也许我们对“行为”这一概念的理解是正确的，但最好准确把握，而不仅仅是想当然。

因此，和其他章节相比，本章的理论更多，这对课堂行为管理很有必要。不过，我们所讨论的理论都会应用于教学实践，也会为后文广泛的指导提供理论框架。

广义上的行为

“行为”一词指的是我们从事的外在活动。这些活动可以由单一的外因或内因影响，也可以由内外因共同影响。比如，我可能因为一个球踢向脸而举起双手（外因），可能因为饥饿而去厨房（内因），也可能因一只误打误撞跑到车道的兔子而调转车头，以免撞到它（内外因共同作用）。

由此可知，受外因影响的行为是我们对周围环境做出的反应，受内因影响的行为是我们对自己内心做出的反应，受内外因共同影响的行为则是环境和内心活动共同作用下产生的反应。

就课堂而言，我们会发现：学生不由自主地抬头看谁在敲门是第一种行为；学生因为饥饿而无法专心学习是第二种行为；师生关系密切，学生在教师的督促下决定努力学习是第三种行为。

结论就是，外因或内因往往会导致不假思索的反应，而内外因的共同作用决定反应的方式。

但我们也知道，所有人，尤其是儿童和青少年，经过反思可能会觉得自己的行为出乎意料、令人懊悔，也可能会惊讶于当时做出的决定。比如，我们可能会在交谈中发表一些自以为是的观点，但过后马上会感到后悔。

由此可见，尽管行为是个人主动做出的决定，但它不一定符合自己的意愿。许多情况下，当事人可能都难以直观察觉行为背后的缘由。大多数教师都遇到过这种情况：学生想在课堂上好好表现，但实际表现很差。问到原因时，他们就算知道自己表现欠佳，也说不清楚。

由此引出一个有关广义行为的重要观点：我们会学习如何在自己成长的社会和文化环境中行为得体，但并不是说我们的行为会与相同环境下成长的人完全一致，也不是说不存在生理因素导致的差异。不过这确实表明，控制和管理自己的行为是一个学习的过程，当然，情况往往很棘手。

为此，所有儿童和青少年在学校里学习课程的同时，也在学习如何在所处的社会和文化环境中表现得体。因此要记住，所有教师需要讲授学科知识，更要讲授规范和价值观，是广义上的德育教师。

这就是为什么行为管理是教师重要的工作内容。并非所有学生都会表现欠佳，需要考验教师的意志力。相反，在我们授课时，他们都在学习行为举止——学习什么可以做、什么不可以做、什么行为有效、什么行为无效以及做出的选择会有什么后果。

有些学生在校园生活中一直都表现得相当优秀，而有些学生可能迥然不同，与教师（或者他们自己）的期望完全相反，这说明学生行为学习的效果因人而异。不过，这些都表明行为是可以塑造的。如果学生正在学习行为及其后果，控制和管理自己的决定，我们的课堂教学就能真正发挥作用——这是本书的核心内容，也是阅读本书的原因。

课堂行为

教室是学生生活中的一个特殊地点。他们对这个空间有一种先入为主的观念，表现出某种行为倾向；除此之外，与同学和教师的关系也会影响他们对课堂的看法——这表明，我们自身的状况（以及由此表现的行为）取决于物理环境和对该环境做出的反应。

比如，学生能感知教室的墙壁、课桌、白板、显示器、同学和教师，即物理环境；也能通过一个由意义、符号、记忆和设想组成的系统来感知这一切，这种感知在接下来发生的互动中或多或少会被改变。

由此我们可以理解：为什么在同一间教室，面对两位不同的教师，学生行为可能会完全不同。产生行为的环境不仅包括物理的外部环境，也包括认知环境，后者建立在学生的概念、分类、经验、记忆等基础上，且随着上课次数的增加而丰富。

举个例子：如果你发现自己身处一个不安全的环境，就会改变行为，这证明了物理环境的影响；如果你确实感到不安全，就会改变对环境的看法，这证明了思想的影响；如果有人在此态度友好、开明坦诚地欢迎你，也会让你改变行为，这证明了人与物理环境的相互影响。

把这个例子放在课堂背景中：学生如果习惯了在学校的失败，习惯了被你贴上无法进步的标签，一进教室心理上就会觉得不安全，他们会设置一道心理屏障，保护自己免受司空见惯但令人不悦的伤害。这种心理屏障具体表现在态度、外表和语言等行为要素上。

不能任凭学生的设想变成现实，相反，我们应该对他们提出期望。我们应该热情地迎接学生，欢迎他们来到教室，告诉他们自己很期待和他们一起上课。这样做教师就会明白教学中如何塑造课堂行为，这里也呼应了前文中上一节结尾的内容。通过管理所处的情境（包括物理环境及其与人的相互作用），肯定课堂的积极意义，我们得以塑造学生的想法和由此产生的行为。

这再次说明，行为是可以改变、可以学习的，教师有能力管理这个过程——无论他们是谁，无论经验多少。当然，毋庸置疑，经验越丰富，行为管理就越容易，事情大抵如此。不过，也有可能你刚入教职就能完美地管理行为。

目前为止，我们提出了两个主要观点，为全书内容奠定基础：

1. 行为是可以学习的，也就是说，行为在很大程度上是过往经验的结果。

2. 行为可以通过不断的学习和经历加以改变。

这两个观点让我们看到了教师行为管理的意义，避免陷入这样一种境地：无论怎么做都无法如愿地管理学生的行为。有了这两个观点，我们能自信地在实践中运用策略和技巧，最重要的是还能明白这些策略和技巧发挥作用的原理。

行为传达信息

无论是否有意，所有被人理解的行为都会传达信息：一些是行为直接传达出来的，而另一些是他人解释出来的。

顺便一提，之所以用“理解”这个词，是因为我们虽然主要通过视觉（或结合其他感觉）了解他人行为，但是并非亲眼目睹也可以了解行为，比如看到某人行为的结果，听到别人的议论，读到相关的信息等等。

很多行为都有传达信息的意图。比如，你进入房间时，我会站起来打招呼以示尊重和友好；比如，别人跟我说一些我不愿听的事情时，我会抱臂以示不快，不愿沟通。

但我们并不总能意识到自己行为所传达的信息，儿童和青少年尤其如此。就像之前所提到的那样，儿童和青少年还在学习如何在所处的社会和文化环境中表现得体。

这会产生一些问题：学生会做出他们认为传达了某种信息的行为，然而看到行为的教师可能会有完全不同的理解；或者，学生做出了某些行为，但自己都没有意识到该行为传达的信息难以察觉。比如，置于课堂背景中：9年级的学生觉得某节课很乏味，想让任课教师知道这一点，所以趴在课桌上。看到这种行为，教师认为这是在挑战他们的权威，因为成年人完全无法接受这种做法。

我并不是说学生可以这样表达他们的无聊感（成年人都知道无聊是生活的一部分，有时不得不接受），但由此可知，学生有时可能无法理解自己行为所传达的实际信息，因为他们还在学习过程中。

此外，这也阐释了上文对行为理解的观点：传达信息是传达者和接受者之间的双向互动，因而我们做出行为时无法完全控制传达的内容。正如你在阅读这本书，对书的内容有自己的解读；而我写书也是如此，尽力准确传达我的想法和经验。

由此可以得出两点结论：

1. 我们要告诉学生，他们的行为传达了何种信息。

2. 我们要谨慎、适度地解读学生的行为。

另一个例子可以进一步诠释上述观点。如果我们教3年级，班里一个孩子未经允许拿了另一个孩子的东西，抢走了之后还想据为己有，可见，这个孩子不理解群体行为里的一项重要规范：未经允许不能拿走别人的东西。处理这种情况时，我们自然就会认为有必要向孩子解释为什么他的行为是错误的。

在解释时，我们要说明（表达方式可以隐晦也可以明确，取决于我们的措辞）他们的行为传达出一种错误的观念，也没有考虑他人的权利和感受。同样，我们也要知道如何适度解读学生行为——经验会告诉我们，这个年龄段的孩子经常这么做，还不理解为什么不适宜。他们没有年长孩子那样的心智，需要定期教导行为是否恰当。我们知道，纠正他们的行为是教师工作的一部分。

因此，在课堂上我们要用特定方法去分析、回应儿童行为传达的信息。这再次呼应了前文的观点：行为是可以学习的，在课上教导行为也是我们工作的一部分。

理性动机和感性动机

现在需要深入思考行为的动机。

前文提到，行为的缘由分为3类：外因、内因和内外因共同作用。另一种讨论行为缘由的方法是从动机的角度出发。动机可以称为驱动我们行为的内在因素，我们说有动力做某件事，意思是说内在的因素促使我们采取行为。如果失去动力，那么相关行为会显著减少。

从柏拉图开始，许多哲学家将人类的动机分为两大类：理性动机和感性动机。第一类动机涉及清醒、理性的思维，借此我们得以推理、分析、判断并做出决定；第二类动机涉及感性，是我们的潜在情感，构成了我们的一部分，可能易于控制，也可能难以把控。

柏拉图将理性和感性描述为两匹把我们拉向不同方向的马。我认为他的意思是突出这样一种思维特征：这两个部分有不同的运行模式，如果我们遵循其中一种思维方式，常会否认并压制另一种思维方式。因此，最好的行为模式是调和两个部分，让两匹马朝着同一目标前进。启蒙运动哲学家大卫·休谟认为，理性是感性的奴隶。我认为他的意思是，我们做出的任何理性决定都取决于欲望，而欲望源于情感或情绪。

我们可以借鉴以上两种观点，批判地看待课堂行为。就是说，从柏拉图开始，人们就认为必须教导学生将理性思维置于感性思维之上。这并不是压抑感性思维，而是一种思维方式，让所有人都能在当下和社会大环境中和谐相处。

我们也许知道，前额叶皮质是大脑的一部分，在儿童早期发育阶段，从道德和社会层面抑制了大脑其他部分产生的强烈情感。两岁左右的孩子之所以会有攻击性，是因为他们发育不完善，无法控制自己的攻击性，不具备与社会群体和谐相处的必要条件。

但我们也知道，完全理性的行为是不正常的，平衡好二者才是可取之道。

学生应该拥有情感，它们常常成为行为的动机，但需要经过文化和社会认可才能满足。学生需要了解如何控制情感、如何理性决策以及意气用事的后果。

我们可能认为休谟的观点是正确的。很难讲人人都可以不带任何情感地谈理性。毕竟，没有情感，我们是什么样的人？我们还是人吗？而且，很少有人在任何情况下都会抛开情感违心行事，不是吗？

虽然上述观点既不充分也不严谨，但可以看出休谟的论点适用于大部分情况。从根本上说，决定行为的理性与想满足的潜在情感息息相关。

这种理论应用在课堂上，我们就能知道学生是受潜在情感驱动的，而这些情感一般以理性行为表现出来。鉴于休谟理论在应用中的普适性，可以知道尽管学生处于行为发展的初级阶段，也和成年人具有相似性。

那么，由此得出什么结论呢？我认为有以下3点：

1. 动机决定行为。

2. 动机基本分为感性动机和理性动机两种，按理来说，前者是根本。

3. 思考动机有利于更好地理解学生行为的原因。

动机是方式，是结果，也是目标

由前文可知，动机是行为的基础，也是想要实现的目标。比如，如果动机是取得好成绩，目标也是取得好成绩；如果动机是扰乱课堂秩序，目标也是扰乱课堂秩序。

一般来说，动机本身就是结果：有人动机是复仇，因此做出了报复行为；有人动机是行善，因此做了好事；有人动机是学业有成，因此成绩突出。

上述情景下，行为既是实现目标的方式，也是实现动机的方式。如此，我们就能明白动机至关重要——动机是行为的驱动力，只有通过行为才能得以实现。

接下来可能出现两种情况。第一，如果因为某种原因，目标无法实现，那么就可能会产生沮丧情绪。沮丧的程度有高有低，取决于多种因素。但可以确定的是，学生的不良行为可能是为了实现某些动机，如果教师做出处理，可能会发现学生情绪低落。

第二，我们都拥有各种各样的动机，在不同时间以不同方式优先考虑某些动机。比如，我们可以想象一下，疲劳时各种动机的重要次序如何发生变化。身体告诉我们，睡眠最重要，因此我们会先恢复精力，把其他动机放在次要地位。

复杂多样的动机会造成一些不良后果。为此，一方面，教师可以引导学生注重积极动机，忽视消极动机；另一方面，教师可以帮助学生实现积极动机，达成师生的共同目标。

这再次呼应了我们已经熟知的观点：行为可以学习也可以改变，教师可以指导学生改善行为。同时，我们也可以得出一些有利于行为管理的实用方法（后文将继续探讨这些方法）：

- 定期交流积极目标能够帮助学生养成思维习惯，认为积极目标值得关注。这有利于强化实现积极目标的动机，也能提高学生采取相应行为的可能性。

- 许多学生，当然不是全部，都有各种各样的动机：想要表现良好，想要成功，想要获得一定程度的认可，想被视为有价值、有意义的个体——我们可以帮助他们实现这样的动机。如果能够实现，他们就会表现积极，行为也很可能因此得到改善。

- 我们可以向学生说明他们的行为方式和他们想要实现的结果、目标和动机之间的关系。换言之，我们可以告知学生他们行为的后果，并把该后果与他们的动机联系起来。这是一个有效塑造和培养学生行为的方法。

儿童和青少年的行为

前两节强调，无论年龄大小，每个人行为背后都有相似的动机。感性比理性强大，更可能成为决定行为的基础；虽然理性与感性发挥的作用不同，是产生动机的不同驱动力，但也有相似之处。同样提到，我们需要控制情绪才能一起和谐相处，但很明显的是控制情绪需要时间才能学会。由此可知，我们所有人都能控制情绪，但不同年龄段的人控制情绪的能力不同。尽管有诸多相似之处，儿童和青少年行为的含义确实与成年人略有不同，牢记这一点至关重要。

第一点要注意的是，我们所教的学生正处于发育阶段，他们还在学习行为。正如前文所说，我们不仅讲授课程内容，还讲授社会、文化的规范和价值观。我们希望学生能表现得越来越像一个成年人，希望他们课上的行为尽可能符合成年人的标准；同时，我们应该根据学生偶尔的、无法避免的错误而调整动机。学生肯定会经常逾越界限、违背要求，某些期望肯定会落空——这是不可避免的。怎么可能完全规避这些情况呢？

犯错是成长的一部分，我们在儿童和青少年时期都或多或少地犯过同样的错误，不符合成年人的期待。这绝对不是为不良行为开脱，而是提醒我们追求完美是一个持续的过程。我们需要知道，在整个教学过程中，在每一堂课中，行为管理一直是我们的任务。

换言之，学生从开始接受教育到完成教育，一直在学习如何行为得体以及各种行为产生的后果。为了进一步阐述这个观点，我们回顾一下，尽管学习环境发生改变，自己到20岁左右还一直在学习、成长。到行为养成时，即使我们有了充分的理解，一生都在不断地学习、调整言行和作为。

第二点要注意的是，在成长的不同阶段，各种心理和生理因素会影响学生的行为，而我们成年人早就过了这个阶段（并可能已经忘记这些影响）。荷尔蒙是最显著的例子。许多成年人热切地谈及重返青少年的愿望时，往往沉浸在美好的怀旧情绪中，粉饰了与成长阶段相伴而生的荷尔蒙躁动。再次强调，这不是在为不良行为开脱，而是进一步分析学生行为背后的驱动力。斟酌这些驱动因素，在管理行为时加以考虑，过程就会更轻松、简单，这很大程度上得益于我们用理性方法去分析看似不合逻辑的事情。

大多数人认为他们的行为建立在逻辑分析的基础上，即根据前提条件做出选择，但不理性的特点就是忽略前提，让我们往往无法理解评判对象的思维过程。许多在他人眼中无理取闹的人能够解释自己的行为缘由：因为在他们认定的条件里自己的行为逻辑一致。关键在后半部分："在他们认定的条件里"。这证明许多无理行为对行为人而言似乎是合理的，因为他们在特定背景下思考，由此做出的决定在他们看来恰切合理。

因此，一个荷尔蒙旺盛的青少年可能表现得既合理又不合理：他们的行为对我们而言是不合理的，但对他们自己而言却是合理的。理解了这一点，我们就更容易弥合鸿沟，让学生理解某些行为在他们自己看来可以接受，而在他人看来其实无法接受。

知识就是力量。在管理行为方面，至少了解儿童和认知发展的基本规律，有利于理解、领悟一些看似出人意料的行为。

学习与行为

最后一节总结本章观点，并将行为与学习联系起来。这个总结以课堂活动为中心，是实用策略和技巧的基础。

作为教师，我们的首要目标是让学生学习，在课堂上有所收获、受益良多；让他们在我们的教导下拓宽思维、开阔视野；让他们在我们的帮助下取得巨大进步。这是促成我们行为的核心动机。

许多学生也有这样的动机，但并非所有学生都如此；许多学生把该动机放在优先地位，也并不是全部学生都这样；许多学生想学习，想取得好成绩，但无法保证自己的行为有利于实现目标。

在课堂行为管理良好的教室，学习才最有效。这并不一定说明教师可以完全掌控课堂，而是说明教师要持之以恒地营造并维护重视学习的氛围。为此，我们既要做好课程规划并将其完美实施，又要自信、果断地教导学生什么是优秀行为，并在这一过程中发挥作用，告诉他们哪些行为需要强化、哪些行为需要改变。

考虑学生行为背后的动机，考虑他们所经历的身心变化，考虑诸多变化对他们的思维和行为造成的影响，我们就更容易达成目标。由此可知，要承认自己和学生在思考、行为上存在相似之处，也要认清（但不一定宽恕）差异产生的意外行为。

最后，成功的行为管理基于这样一种信念：我们既能实现期待的课堂活动，又能以学习为中心。也许并不太容易，但我们要先相信自己可以做到。我们的教学基于两个前提，即所有学生都具备学习能力，因此可以增长知识、加深理解；类似地，学生也可以学习行为，改变行为。虽然做法略有差异，但是我们会全力以赴培养良好行为、丰富知识与理解。毋庸置疑，这两个目标密切相关。

因此，有了理解行为的坚实理论基础，我们可以满怀信心、目标明确地探讨实用方法。在此之前，首先对本章进行简要总结，以便阅读者参考：

- 行为指的是外部行为，包括言行举止。
- 行为是有缘由的，受外因、内因和内外因共同影响。
- 行为会传达信息：有些明确，有些模糊；有些是有意的，有些是无意的；有些能直接观察到，有些只能间接了解。
- 所有的信息都会被其他人解读，并且可能与想要传达的信息不同。
- 许多行为源于动机，而这些动机源于理性、感性和潜在情感。
- 儿童和青少年处于学习阶段，他们的成长包含了对行为的学习，因此每位教师需要讲授的不仅仅是课程。
- 儿童和青少年的行为可以塑造且易于改变。

Norms, Values, Roles and Status

第二章

行为管理的核心

课堂是一个社交环境，理所当然地包含一些社会和文化要素。关注这些要素，以此为基础开展教学实践，是培养优秀行为管理能力的第一步。其中需要用到一些社会学方法，旨在理解社会和文化的本质，即理解构成社会和文化的要素以及这些要素与个体之间的关系。

接下来的3节内容将对此进行分析，进而提供一些指导原则，然后研究如何应用这些原则。

创建期望的课堂文化

社会和文化有所不同。广义上，社会是生活在特定区域内的家庭和个体的集合，通常是一个政治实体，即国家；而文化是一个群体的生活方式，包括规范、价值观、角色和身份。生活在一个社会中的人们可能拥有一种共同的文化，也可能由一种文化主导、多种文化相互交融，还可能有一些特色鲜明、彼此独立的文化。

我们对自己的文化非常熟悉，因此往往习以为常。于是，便有了“读万卷书、行万里路”的古代谚语。旅行很大程度上确实能开阔视野，因为它让人接触到不同于本土的文化，即生活方式，增长了见闻，同时也让人能够比较自己所熟悉的文化和接触到的另一种文化。

可以说，置身事外地审视自己所处的文化，并将其与其他文化进行比较，无论结果如何，都是一种重新评价生活方式的途径。换一个角度看问题就像戴上了一副不同的眼镜，我们对事物的看法也会因此不同——有时出乎意料，有时懊恼不已。

“文化”这个术语也可以用来描述狭义的生活方式，比如我们可能听过的“加班文化”“粉丝文化”或“鄙视链文化”。如此，上文提及的文化定义窄化为在某种环境或某个群体中的行为方式（文化还有其他的定义，但这里不作赘述）。本书中的“文化”就是指广义文化中的狭义生活方式。我不愿意使用“亚文化”这个词，因为它似乎一定程度上特指反主流文化的社会群体。

文化既可以定义普遍的生活方式，也可以表示在某种环境中或某个群体的行为举止，由此，如果前者涵盖了一个大群体思想和行为上的规范、价值观、角色和身份，那么后者则涵盖了在小环境中或小群体的规范、价值观、角色和身份。了解了这个概念，我们就可以开始讨论课堂文化了。

本节开头提到，课堂是一个社交场所，拥有相应的课堂文化。该文化可能与校园文化高度相似，也可能截然不同；可能与教师的意愿密切相关，也可能关系不大。但作为一种文化，它包含了一系列的规范、价值观、角色和获得身份的途径。

因此，行为管理的核心是创建、维护你期望的文化，即一种学习文化，涵盖规范、价值观、角色和身份。

规范和价值观

规范是不成文的规则，价值观是重要的观念，前者常以后者为基础。比如，英国文化里就有这样一项规范：在商店和公交车站等场合需有序排队。该规范源于许多价值观，而其中影响最大的是礼貌与公平的重要性。

破坏规范的人可能会被认为反常，其程度取决于规范内容、破坏程度以及他人（有时是社会）的评价。也就是说，并非所有的违规行为都一样，也并非所有的规范同等重要。如果我用刀吃煮鸡蛋，朋友可能只会觉得我有点奇怪；但如果我在工作时大喊大叫，周围的人很可能反应更加强烈。

一般由社会来控制违规行为，有正式的手段（比如法律、警察、监狱），也有非正式的手段（比如不赞成的表情、羞辱、孤立、责备、回避等等）。这些旨在加强和维护社会生活中规范的界限。

规范和价值观都是可以改变的：在英国，以前同性恋被视为反常行为，现在却不一样了（大部分情况下如此，但很不幸我们的文化中仍然存在恐同因素）；以前自拍是很罕见的事情，现在随处可见；20年前，网络购物闻所未闻，现在深入人心、蓬勃发展。

列举这3个例子，我并非打算将第一个例子和后两个相提并论，否则就贬低了性取向的重要性，而它在很多人生命中极其重要、影响深远。我要阐明的是社会行为在不同时期如何发生变化及其广度和深度。

价值观上的改变有可能很难辨识（因为思想是无形的，依靠思想上的交流才能感知价值观的变化，而这种变化一般由行为的改变来体现）。上述3个例子中，第一个例子无疑是价值观，尤其是个人权利和自由的变化；第二个例子部分体现了对个性和身份，或者说是对个人技术的重视；第三个例子可以说反映了人们对商品、服务带来的便捷、幸福生活的渴望，这种渴望在战后时期没有太大改变。

如果规范和价值观可以改变，那就意味着文化是可以塑造的，时代和历史潮流证明了这一点。把当今世界你了解的两种或多种文化进行比较，可以发现可塑性是存在差异的。当然，文化具有可塑性并不意味着文化可以轻易改变或完全改变，而是说可以部分改变。从广义上来说，规范和价值观不是一成不变的。它们是社会建构的产物。

也就是说，你可以建立课堂规范和价值观，而它们决定了你想培养的课堂文化。斟酌自己的要求并告诉学生，然后付诸行动，变成现实——这就是行为管理。除了你，谁还能建立、维护课堂规范和价值观呢？

角色和身份的重要性

我们每个人都有自己的角色，可以是教师、学生、父母、朋友、兄弟、姐妹、经理。大多数人都有多重角色。

无论是我们身处的文化大环境，还是像课堂文化那样的具体环境，不同的角色承载了不同的期望——人们认为担当角色的人应当遵守应有的规范，具备应有的价值观。虽然人们对角色职责可能有截然不同的观点，但看法往往大同小异。以下一大一小两个例子可以证明这一点。

英国社会有首相这一角色，无论谁承担这个角色，都要按照特定的方式行事。对首相的职责存在着截然不同的观点，但即使是最迥异的观点（前提是首相这一身份应存在）也有很多共同点。身处首相位置的都知道，他们有自己的职责范围，但受限于大众对首相身份的期望——首相要承担责任，在公共场合要行为得当，要效力于国家利益等等。

我们所有人在生活中都扮演着朋友的角色。人们对这个角色也有期望；一旦破坏了规范和价值观，友谊的真实性就会受到质疑。100个人可能有100种对于“朋友”的定义，相应的规范和价值观也有很大的差异，但我们可以确信一点：所有定义的核心观点相似，因为人们对友谊的普遍本质有广泛的共识。

现在，我们回到课堂。课堂上最重要的角色有两种：教师和学生。角色的性质在不同的学生年龄段有所不同。低年级学生的规范和价值观在很多方面与高年级的有所不同，但也会有相似之处（另一方面，我们可能不将年龄较小的孩子称为学生，而更喜欢称其为小学生或初学者。但无论怎么称呼，道理都是相同的）。

前面一节提到，建立课堂文化是你的责任，塑造、传达和维护你想要的课堂规范和价值观有助于建立课堂文化。这个过程中，应对自身的教师角色和孩子们的学生角色（小学生或者初学者）有准确的定位。也就是说，要明确如何将所设立的规范和价值观落实到教学过程的具体角色中。其重要性有以下几个原因：

第一，明确角色是行为管理的关键。每个人都要清楚自己的角色、相应的期望以及原因。如果每次上课时，能阐明自己和学生该做什么，行为管理就会更为简单。

第二，学生如果不知道你对他们角色的期望，就会陷入困境，缺乏调整行为所需的信息。也许他们自己能够推断出来，或者一段时间后能够明白，但为什么要冒险呢？如果一开始就为成功、积极、重视学习的行为设立了标准并加以说明，一切就会迎刃而解。

第三，与角色联系起来的规范、价值观更易于培养。比如："这就是我对优秀学生的期待。我知道你能做到。"由此可知，我们应给学生提供切实可行的建议，这样他们就不需要背诵一长串的规范和价值观，只需要牢记与之相关的学生角色。这是一个表达、记住课堂要求的方法。

至此，我们开始讨论文化的第四个，也是最后一个要素：身份。

身份是我们所拥有的认可度、等级和声望。人们可以获取身份，比如，你获取了教师身份；也可以被赋予身份，比如，你出生时就有性别和姓氏，王室成员的孩子出生时就有王室身份。

身份常常因为我们所处的环境而变化。我在学校是一种身份，在家里是另一种身份；和朋友相处有一种身份，和家人相处有另一种身份。

人人都想拥有一定等级的身份，也有人追求显赫的身份。若被否定身份，人们会心情低落，甚至感到痛苦。对儿童疏于照顾或者虐待儿童都是在否定他们的身份，在否定儿童作为一个人有权享受的、社会文化中与生俱来的身份（往往指人权）。

否定一个人身份的方式可能没有上面提到的那么极端，但仍具有消极影响，会让当事人沮丧或感到羞耻。我们也可以想象一下霸凌者的做法——他们破坏、否认被霸凌者的地位，由此获取他们自己在其他方面经常被剥夺的权力（地位）。

以下3个例子可能会令人不快，但能凸显有关身份的重要观点。

第一，否认或拒绝某种身份是权力的一种表现形式。这也呼应了前面的观点——人人都想拥有一定等级的身份。如果否认、拒绝某种身份没有效果，社会群体对人格——对个人价值的认可——就没有任何意义。而否认身份在实际上是有效的，说明它对我们所有人都很重要。

第二，如果获取身份时受挫，我们就会采取其他方式去努力获取，这些方式可能是消极的。霸凌者往往如此，被贴上且接受了失败者标签的学生也是这样。如果他们相信别人贴上的标签，就会认为自己规规矩矩地上课无法获得认可，因此可能会通过其他方式——在课堂上扮演小丑、不听课或捣乱——来获得认可。

第三，人们普遍想拥有某种身份，这一点非常具有积极意义。作为教师，我们有责任帮助所有的学生获得认可。为了使学生成功扮演设定的角色，我们可以帮他们学习、成长并取得成就。

由此得出以下结论：

- 我们应该给学生提供在课堂上获得认可的机会；

- 我们应该将这种认可与积极的、专注的学习行为联系起来；
- 我们应该密切关注是否所有学生都有机会、有能力得到认可。

教师并非要像一个高高在上的当权者一样向学生施予认可，而是要帮助他们通过各种形式的学习，或者在集体中积极进取、取得成效而获得认可。

本节的最后一个例子：改善学生行为可以让他们承担一定的责任（不必繁重），这个方法我们都熟悉。证明认可的是给予责任的方法而不是责任的内容；内容的确有作用，但方法是关键（给予学生责任，就意味着该学生应当且有能力承担责任）。这个例子表明，如何通过给予认可的方法来阻止因受挫产生的不良行为。

这种方法应用广泛，说明为什么目标明确的课堂比目标模糊的课堂让学生更快乐、更放松：前者让成功的道路清晰可见，所有的学生都能相对轻松地前行。换言之，学习成为每个学生的“业务”，他们也认为自己有相应的学习能力。

课堂文化的关键

总结上述观点，可知：

- 你的课堂文化由你定义、表达和维护，否则就是空谈。
- 课堂文化包括规范、价值观、角色以及获取认可的方式。
- 学生的规范和价值观可能与你不同，但行为可以学习和改变，这点在第一章中已经有所论述。
- 将规范和价值观与明确的角色相关联，这样学生就更容易养成习惯。
- 你应该对自己的角色有明确的定位，并告知学生。

• 你不应该忽视学生的身份，而是制订方案，在教学生学习知识、取得成绩的同时，帮助他们得到认可。

现在我们将探讨一下应用上述理论的实践案例。

提高期望

为了培养积极进取、专注学习的课堂文化，首要方法是提高期望。

期望是我们预测世界、了解未来的一种尝试，可能正确也可能错误，这取决于未来发生什么。与生活中的期望相比，课堂上的期望有一个关键的不同之处：在日常生活中，期望对行为方式、相处方式、个人经历和所处环境有重大影响，但影响范围有限，往往不会波及他的整个世界；而课堂期望有所不同。我们的学生在不断学习，他们的思想比我们更具可塑性，说明他们处于比教师更早的成长阶段（但我必须补充一句，教师的思想也可以改变、成长和调整）。因此，我们对学生的期望很可能会被他们理解为新信息，并融入到他们日益增长的知识和对世界的理解里，从而产生影响。

一般来说，学生对管理他们的学校领导也会有同样的反应。这进一步证明了学生思想的可塑性，呼应了本书前几节提出的观点：行为是可以学习、改变的，形成的习惯会影响行为。

由此可知：

• 课堂期望会产生影响。

• 学生会从课堂期望中获取信息。

• 信息的质量和内容将影响学生的行为和想法。

如果你降低课堂期望，学生就会接受并做出相应表现。如果你提高课堂期望，学生也会如此。因此，提高课堂期望吧！这样，你的行为就在向学生传递信息：你认为他们有能力达到要求。

你的每一步规划、教学和评价都是示范、表达高期望的机会，都能强化你重视的课堂规范、价值观、角色和身份。如果希望学生自始至终全力以赴，就应给学生传达这样一个信息：努力是课堂规范，是学生角色的一部分，努力学习可以获得认可，在班级中获得认可取决于独立自主、刻苦学习的价值观。

始终保持高期望，你就可以持续培养和保持课堂文化——这种文化反映了你希望的行为、态度和具体表现。如果你不确定自己是否充分聚焦于课堂文化的培养，只要扪心自问你所传达的期望是否足够高。如果是，那么放心，你努力的方向是正确的；如果不是，找到有待提高之处并告知学生。

后续章节提到的多种技巧会帮助你表达并保持高期望——这是你想要达成而且能够达成的目标——明白了这点，技巧的实施效果将更为显著。换言之，理解了技巧背后的意义，就能够更加高效地发挥它的作用。

明确课堂规范和价值观

如果想培养优秀的行为管理能力，最好坐下来想清楚：你想要什么样的课堂规范，你觉得在教学环节中哪些价值观最重要。之后，你应该进行排序，明白什么最重要、为什么最重要。有些规范和价值观对你来说可能同等重要，有些则更重要或不重要。

如果你不清楚自己想要的规范和价值观，就很难清晰明了、始终如一地告知学生，也很难确定自己的目标。清晰地传达你想要的规范和价值观就意味着你明白自己的最终目标：每天看到理想中的课堂行为。

即使只是粗略排序，列出规范和价值观的主次顺序仍然很重要，因为有时不同的规范和价值观不可避免会发生冲突。比如，你重视学生的独立性，又希望他们尊重教师的权威，这两种价值观有时不能同时实现，因此你需要优先考虑其中一种，然后做出决定。

提前确定重中之重，这样你在管理学生行为时就会带有批判性的视角。虽然这样做不能保证你的决定总是正确，但增加了可能性，因为这一决定基于事先分析的主次顺序。同样，你可以避免冲动情绪造成的破坏，也可以确信下次面临困难抉择时不必费时费力，因为你事先已经进行了分析。

为明确你想要的规范和价值观，以下列出3种技巧：

- 想象一下你理想的课堂：它是什么样的？学生在做什么？怎么做的？态度如何？努力到什么程度？行为有什么特点？如何与同学教师互动？课堂气氛怎么样？学习效果如何？如何面对挫折？这样你就形成了自己的、希望学生遵守的规范，记录下来，必要时进行改进，然后排出优先顺序。

- 想象一下课堂上不同的任务和活动，包括时长，比如热身活动、全体活动、小组活动、结对活动和单人活动，比如你讲课的时间、学生讨论的时间、课程开始和结束的时间。记住每个环节中你想要实现的理想状态，这样就会形成一组规范，一些适用于课程某些具体环节，一些则普遍适用。记下这些规范，必要时进行改进，然后排出优先顺序。这种方法可以替代第一种，也可以结合使用。

- 坐在教室里，环顾四周，想象一下学生在一年中进出教室的样子，问自己几个问题：我想让学生知道的重要规范是什么？我想教会他们什么样的价值观？这样做可以凸显价值观的重要性，也更易于将本质上抽象的价值观与具体的课堂实践联系起来。

明确规范和价值观的过程可能比你预期的长，有两个原因：第一，我们认为自己的许多观念理所当然，因为观念是我们思想的重要组成部分，自己很难察觉。第二，表达文字的深层含义往往不简单，因此阐明我们相信、想要提倡的基本原则并非易事。想好了价值观就记录下来，然后排序，最后思考如何告知学生。

此外，为建立自己的价值观，即思想基础，你需要回顾想要建立的规范，然后继续思考其背后的逻辑，这样就能明确赋予规范最终意图的价值观（注意：结果可能会让你怀疑自己曾设定的规范！）。

明确课堂中具体的角色和身份

学会了上述方法，设定了规范和价值观，你就能开始勾勒学生的角色。你应该明确，学生怎么做才能在你的课上有所收获以及做什么才能获得认可。

我们最好结合一般情况和具体情况来思考这个问题，并把规范和价值观联系起来。比如，你可以先找出取得成功、专注学习的学生所具有的普遍特征，然后以某一个特征为例，设定一系列规范。每项规范都会产生某种行为，而该行为又会反映普遍特征，这是一个从一般到具体的细化过程。

明确了学生的角色，你就可以快速轻松地传达给他们，帮助他们理解并实现你的期望，在接下来的一年中你也需要不断回顾这个出发点。

从学生身份的角度来说，如果教师设定并告知学生的角色，他们就更可能在课上取得成效，更可能获得自己期待的认可（这种认可是理想教学的积极反映）；从教师身份的角度来说，你如果想明晰在课堂上的理想状态，应该思考自己为学生设定的规范和价值观，思考自己怎么做才能够有效地树立榜样。

这些做法的前提是教师为学生设立了标准，呼应了前面提到的对学生提高期望的做法。虽然你为自己的角色设定的规范与要求学生遵守的规范有所不同，但二者可能源于相同的价值观，具有相似之处，因此也能为学生示范你希望他们达到的标准。

设定与角色对应的规范和价值观非常重要。我们可以想象一下，如果教师让学生遵守某项规范而自己的行为与之相悖，那么给学生传达的信息就是矛盾的。这种矛盾的信息会让学生感到困惑，同时也会破坏教师想要传达的高期望。

优秀的行为管理能力需要师生保持目标一致，这样学生才能明白教师的期望，而教师以身作则的行为和言出必行的权威会让他们受到鼓舞和得到支持。

最后总结一下本章的要点：

- 文化由规范、价值观、角色和身份构成。
- 你的课堂文化取决于如何定义上述要素。
- 定义了理想的课堂文化之后，你应清晰、一致地告知学生。
- 保持高期望是一个好方法，它应该是你进行行为管理的基石。
- 如果你明确课堂文化的组成部分，告知学生时就能处于更有利的位置，他们也更容易达到甚至超出你的期望。

Rules, Boundaries and Consistency

第三章

课堂中的规则、界限和一致性

本章讨论你可以用哪些方法向学生传达你的规范、价值观、角色和身份，以及如何帮学生获得良好认可。由此，你可以开始运用这些工具去创造想要的课堂文化，通过确保良好行为，让学生实现高效学习。

这一章内容基于一个前提：你采纳了前一章的实用建议，确定了理想的课堂规范和价值观，确定了这些方面在学生的角色中如何体现，也确定了规范、价值观与获得认可之间的关系。

规则的重要性

首先，我们需要讨论一下规则。规则很重要，它们规范着行为，可以是成文的也可以是不成文的，而不成文的规则一般称为规范。可以说，规则管理着我们身处的每种社会情境。

规则能够让我们塑造自己的行为，使之符合他人的期望，也让我们设想大多数人会像自己一样遵守规则，因此能够预测同一社交空间里其他人的行为。这一假设基于以下几点：第一，我们会预测如果自己以某种方式表现，别人也会投桃报李。第二，大多数人认为遵守规则惠及所有人（包括自己）。第三，如果违反规则，会受到惩罚。

因为能推测接下来发生的事情并成功预判他人的行为，我们感觉更轻松、更安全。我们不需要全神贯注于身边的事，因为坚信没有什么风险，可以专注于其他事情，从而提高效率。

课堂规则也有以上优点。如果班里的学生都明晰、认可、理解并遵守规则，他们就会有安全感，能专心学习。师生对课堂互动既可预测又感到熟悉，学生能够自由自在地努力学习，把更多的精力投入到课堂上。

相反，如果规则不清晰、没有执行，学生不了解也没有遵守，在课堂中就会面临更多困难：学生不明白对他们的要求，也无法准确预测他人的课堂行为；他们的课堂安全感降低，注意力无法集中，努力程度也不够，因此教师必须花更多时间维护课堂秩序。

高效管理的课堂不用拘泥于琐碎的规则和各种惩罚方式，但需要人人都明白：什么可以做，什么不可以做，越界了会怎样，为什么成文的、不成文的规则都能惠及整个群体。

阐述课堂规则

为了实现高效的课堂管理，你需要阐述你的课堂规则，包括设定的规范和一些涉及价值观的规则。对此，以下5个方法可有效实现：

• 在学年伊始，向学生阐述每一项规则，并提供相应的例子和解释，这样可以帮助学生了解、记住规则。教师需要字斟句酌地反复强调每一项规则的意义，以便学生理解和回忆。

• 指导学生如何在思想和行为上成为榜样。你要以具体的、理想的学生角色为例，阐述你的规则。对于那些模范学生，你要不断地表扬他们并引起大家关注。

• 学年初，引导学生开展小组讨论，制订一套班级规则。虽然并非每位学生都能积极投入，但这种方法非常有效，能让他们参与到整个过程中，一方面有权成为规则制订的一部分，另一方面与规则的实施、维护息息相关。

• 在教室墙上或学生用书上列出课堂规则。比如，把规则贴在学生用书的扉页上。这种方法的好处是，必要时教师可以提醒学生参考具体规则。

• 利用课上一切机会表达你的期望。你可以表扬学生，树立榜样，也可以适时进行惩罚。回想一下前几节的内容，你的期望代表理想的课堂文化，含蓄地表达了你希望学生遵守的规则。

你很可能会结合多种方法，因为某一种方法不足以清楚传达你的规则。前文方法五指出，阐述规则是一个持续的过程。这要求师生互动具有连续性，也说明与儿童和青少年打交道时，你应该预料到他们会定期试探你设定的界限。

上述方法进一步强调，你必须先明晰自己的课堂规则，否则很难解释清楚。

公平实施规则

实施规则和阐述规则不同，前者涉及应用，后者涉及解释。

如果学生自始至终都能遵守所有规则，你也许无须实施，只需加以阐述，但如果学生违反、破坏规则，那就必须落到实处。

实施规则需要观察具体情况，判断学生是否确实破坏了规则。如果是，我们需要评估破坏程度，考虑对相关学生的惩罚。没有惩罚，规则就会失去部分效力，问题也会接踵而至——学生认为，既然不遵守规则没有任何惩罚，为什么还要费力遵守呢?

但太严厉的惩罚会使师生关系恶化，可能让你失去一些权威（部分原因是学生觉得你像一个铁面无私的法官），并受到学生的挑战。他们很可能觉得不公平，因此据理力争（有时甚至合情合理），认为惩罚过重。

惩罚力度不一致将导致最严重的问题，会完全破坏规则的目的。无论实际情况如何，学生认为你可以随心所欲地使用规则，而不是基于理性、原则和先例。

这看似夸大了教师提出的警告对学生产生的影响，实则不然。我们从小培养公平感和正义感，儿童和青少年尤其如此，他们的公平感、正义感特别强烈，相比于成年人，更认为世界非黑即白。

所以，你需要慎重考虑如何实施规则。首先要保证规则的一致性，其次要保证惩罚的适度性，这样才能够调整学生对违规惩罚的预测，从而使规则有效地改变行为。也就是说，要让学生精准预测违规带来的惩罚。

与学生一起制订规则

本章的前两节内容简要提及了与学生一起制订规则的想法，在此有必要进一步展开讨论。

如前所述，许多教师认为该方法堪称完美，让学生有参与的主体感，与制订的规则息息相关。为此，以下两种方法也许能够帮助你和学生一起制订规则：

- 将全班分组，每组3～4人。给每组发放一张卡纸，教师在黑板上展示一个人的剪影，然后要求各组在纸上画出想象中优秀学生的样子，告诉他们在5分钟内标注出特征。学生开始之前，你可以举一些具体的例子，或者在黑板上列出一组特征，他们在此基础上进行标注。时间一到，两组互相比较各自的“优秀学生”。你可以由此展开讨论，归纳出一个全班认可的标准，为制订规则打下基础。此后，每个学生的目标就是在言行举止上达到甚至超过该标准。
- 将全班分组，每组两人。教师在黑板上列出自己认为能够营造良好学习环境的规则，让学生结对进行讨论。首先，各组要判断是否同意教师提出的规则，以及这些规则会导致的行为。其次，学生需要思考黑板上没有列出但他们认为十分重要的规则。最后，要求学生提炼出5条最能培养理想课堂文化的规则，并证明它们的合理性。

时间一到，两人一组变成4～6人一组。在新的小组中，学生应分享并为自己的选择辩护，全组提炼出5条规则。然后，全班分成人数大致相同的两组，每组学生重复分享和讨论的过程，直到最后提炼出5条规则。两大组学生各自归纳出来之后，教师要求各组指定一位发言人，轮流宣读本组提炼的规则。然后，教师主持两组展开辩论，将所有规则最后凝练为5条。这5条规则就是课堂上的黄金法则，所有的学生都必须遵守。

上述两种方法有利于学生参与到创建规则的过程中，帮助他们思考良好行为的具体要求和出发点。日后实施规则时，教师可以提及规则的来源，指出每位学生当时发挥的作用，同时有力地强调他们对班级的贡献。

结合规则教学

第一章探讨了教师的职责：既教授常规课程，即不同学科的知识，也教授隐性课程，即道德品行——在课堂之外的各个领域行为得体、取得成功的方法。这说明，学校既是教育机构，让相同文化背景下的儿童和青少年共享知识和见解，也是过渡场所，让学生从家庭走向社会。学校承担了社会角色，实现了双重功能。

因此，制订、阐述和实施规则实际上是在教育学生，教他们规则在社会文化中的重要作用，教他们遵守、违反、忽视规则的结果。如果能妥善管理学生行为，我们教授的内容将远远超过课程范围，还包括重要的品质，比如自控、自律、团队合作以及考虑他人期望。相反，如果行为管理不善，我们就很难帮助学生培养品行。

有时我们会情绪化，严惩不可接受的行为。如果我们把规则的制订、阐述和实施作为教学的一种手段，就会避免对违规学生做出过激反应。当然，偶尔需要表明某些行为必须严惩——虽然鲜有发生，但是这种学习经历产生的效果要显著得多。

举例教学法效果更好：教师平和而坚定，向学生详细解释行为错误的原因以及相应的纠正方法。这样处理违规行为是在教学生：文明社会运用语言、理性和讨论来处理冲突，而不是发怒或挑衅。正如前文所述，儿童和青少年上学期间正处于发育阶段，仍在学习调节、控制自己的欲望和情绪以期成功地融入社会。

通过规则去观察教学过程，有利于建立融洽的师生关系，因为学生会认为对挑衅和违规行为的处理不仅仅是为了惩罚，也是为了促进他们身心成长。“教师”一词最初始、最深刻的含义就是这样，必要时严厉警告，其他情况下力所能及地给予支持，初衷是为学生竭尽全力。

设定和管理界限

有了规则就有了界限，即可接受的行为限度。并非所有规则都有明确的界限，有些规则模糊，范围不确定，真正的界限难以设定。撒谎就是一个很好的例子：我们认为撒谎是错误的，但许多人认为善意的谎言，尤其是顾及他人感受的无害谎言，是可以接受的。因此，撒谎行为的可接受范围并不是在谎言出口的那一刻就形成了，它存在于一个模糊地带。在这个模糊地带之外，有一个公认的明确界限：不能欺骗他人、牟取利益、伤害他人等等。

你要先设定界限，才能有效管理它。确定是否存在模糊地带，如果存在，判断底线的位置。比如，你的某项规则是课上不能讨论无关话题，因为课堂的价值观是学习优先。但你深思后认为，“不允许聊天”的绝对标准可能产生反作用，所以调整了界限——只要不影响学习，可以稍微聊聊。记住这一点就能在教学中更好地管理界限，向学生阐述规则在实践中的作用方式。再比如，有些规则——课上不能嚼口香糖——界限明确。你的注意力应该集中在模糊地带，确认自己的底线在哪里并告知学生。

本节的最后，我们还需探讨两点：

第一，学生想要也需要界限。无论规则是成文的还是不成文的，都有适用范围，在课堂上至关重要。界限代表了可接受的行为尺度，如果学生不清楚，就很难按照教师的要求去做，也很难预测教师和同学的行为。

第二，如前所述，儿童和青少年挑战界限是在学习。如果提前设定界限，学生挑战时教师就会有理有据地告诉他们临界、越界的行为——这也是他们寻求的信息。如果明确了自己的底线，学生挑战时，你就能坚持原则（如果不明确，底线就会被学生拉低，从而产生不良行为和棘手问题）。

定义和实施惩罚

规则和界限的效力需要惩罚来保证。违规学生面临的后果是惩罚，与其相对的是表扬，但本节不作赘述，第五章再详细讨论。

惩罚的方式很多，包括：

- 训斥
- 用肢体语言表达不满
- 取消特殊待遇
- 惩罚留校
- 表达失望

- 调整座位
- 布置不同任务
- 让指导教师、年级主任或校领导出面解决
- 停课或停学
- 给家长打电话

惩罚轻重应与违规的程度相符。你应给自己留有余地，如果从一开始就严厉惩罚，今后将无以复加，情况就会很棘手。

学年伊始，教师需要利用课余时间重新设定惩罚方式，以决定不同行为的后果。对此应该慎重考虑，因为你必须落到实处，否则学生很快就会意识到惩罚仅仅是吓唬他们而已。他们会思考违规是否值得，会进行成本效益分析，没有实际惩罚就会完全消除成本效益分析里的风险，接着会导致更高的违规率，而你会因惩罚没达到预期效果感到无能为力。

惩罚可以通过以下方式达到效果：

- 持续实施
- 全面实施
- 根据行为把握尺度
- 实施时毫不畏惧、不偏不倚
- 实施时冷静、得体、坚定

原因不言自明。

如果学生不愿因惩罚改变行为，你可以更为严厉，或移交校方解决，把问题升级——你需要求助他人，或者先把问题放在一边，课后再与相关领导一起应对。

无论采用哪种方法（可能取决于学校行为管理的水平），重要的是，你

必须确保就算费时费力也要落实惩罚。记住，惩罚对维护规则、坚持规则有重要作用。如果你不对违规行为进行惩罚，就是在向学生传递这样的信号：违反规则没有任何不良后果。同样，如果你惩罚了一个学生而宽恕另一个，这种标准不一致会削弱你的威信，也会削弱惩罚在学生眼里的固有威严。

你可能会碰到这种困境：多名学生违规，但你只当场抓住了一名。没有其他人的违规证据，你就只能惩罚抓到的学生。该学生很可能提出质疑，觉得不公平，因为他不是唯一行为不端的人，只是不巧被抓住了。

这种情况很难反驳。如果属实，学生说得没错。你很难说服他，所以要避免这种争辩。你可以拿裁判来打比方，解释自己就像裁判，只能判断自己见到的，看到有学生行为不端就必须实施惩罚。你知道可能有其他学生行为不端，但没有任何证据就无法落实。这样，在认可学生立场的同时，提醒他的行为是错误的，让他认为你在现有证据下已经尽可能做到公正，而不是质疑他的观点（无论观点正确与否，质疑都毫无益处），从而缓解了局面。

惩罚的正面案例

我们可以借鉴以下3个界定并实施惩罚的案例：

• 让学生明白违规行为的后果，了解课堂规则的重要性，这样他们就能获取必要信息，知道如何行为得体。如果你不厌其烦地向他们传达你的高期望，就会强化这种信息。

由此可知，准确传达惩罚信息是妥善落实的关键。如果学生不了解这些信息，就不能按你的意愿合理行事，甚至在你惩罚他们时还会理直气壮地反驳你（说的话类似于“我怎么知道会这样呢？”）。

• 非言语类提示有效而且不会干扰课堂秩序，可以改变学生的行为，尤其可以改变轻微违反课堂规范的行为。肢体语言和面部表情很难被忽略，不仅可以吸引学生的注意力，而且避免了小题大做。许多学生也会欣赏你低调的处理方式，根据你的暗示纠正自己的行为，从而避免矛盾进一步激化。

• 常用轻微的惩罚措施，采用肢体语言、面部表情、口头提醒和温和警告，你可以说：“告诉我，怎样才算是好好上课？”比如纠正行为，你可以说：“不要这样，请专注学习，谢谢。”这些都是高效的方法，可以避免行为恶化、最后不得不施以严厉惩罚的情况。

实施惩罚要秉持防微杜渐的原则。关注轻微的违规行为，实施轻微惩罚，可以阻止事态扩大。换言之，把违规行为限制在轻微水平能减少严重违规行为发生的可能性。

惩罚的反面案例

为充分了解惩罚，现在让我们来看看几个反面案例：

• 当着全班的面严惩一名学生，这样做有风险，最好避免。学生颜面尽失，无论是否应该受到这样的惩罚，都会自然而然地想挽回在同学中的面子。于是，他们很有可能会消极应对，激化矛盾。

如果无法避免上述情况，可以采取以下几种方法。第一种：先要求学生停止所作所为，在之后的一对一谈话中再实施惩罚。第二种：要求学生离开教室，让他们反省一会儿，然后在相对放松的环境里与他们交谈并实施惩罚。第三种：先要求学生停止所作所为，继续上课，课后再留下学生，平和冷静地与之交谈，在相对放松的环境里实施惩罚。

• 一开始就严厉惩罚学生。如前所述，这样会让你没有回旋的余地。比如，你警告表现不佳的学生："再敢这样就让你连续一周课后留校。"这种做法一般是情绪化的反应，缺乏理性思考，多见于课堂的紧张氛围中，你必须加以克制。就以留校一周为例，这样做你还有加大惩罚力度的余地吗？你落实惩罚的可能性又有多大？

养成"3次警告"的习惯是不错的做法。如果学生初次犯错，要求他们停止不当行为，并说明该行为对课堂学习的危害；如果学生继续犯错，再次提出警告，要求他们改变不当行为，否则给予惩罚；如果学生仍然不改，提醒他们已经失去了两次改正机会，然后实施惩罚。

注意，我没有也不需要明确这种方法的具体惩罚措施。在学生第一次和第二次犯错时，你就应该考虑清楚合适的惩罚。学生第三次犯错时，你可以进行合理、适度的惩罚，因为你知道自己能够坚持到底。

• 对学生抱有成见。惩罚的意义就在于告诉学生，他们的行为违反了规则。对此念念不忘等于再次惩罚学生：第一次是你实施的具体惩罚，第二次是你对学生的刻板印象，一直把他们当成犯错的学生。

这样下去就会给学生贴标签，不再把学生当成个体，而是用一个标签概括了他们的所有行为。比如，在教师办公室里你听到某位教师称一名学生为"常惹麻烦的捣蛋鬼"——这样做非常不利于行为管理。该学生虽然闯过不少祸，但如果教师们都以这样的刻板印象看待他，他还有机会改正吗？

实施惩罚之后，就要继续正常教学。如果学生再次违规——尤其是违反了同样的规则——教师就应回顾之前的惩罚，反省一下是否达到了预期效果。除此之外，不要期待学生能自行纠正行为，除非教师给他们机会。

坚持一致能培养好习惯

上一章阐述了课堂文化的要素，包括规范、价值观、角色、获取认可的方式，明确了课堂文化（理想文化）的重要性，在此背景下，对于规则、界限和惩罚的梳理如下：

培养良好习惯是关键。

规则有利于培养良好习惯，因为它规范了行为；界限有利于培养良好习惯，因为它设定了恰当行为的范畴，明确了课堂规则的含义；惩罚有利于培养良好习惯，因为它确定了违规行为和挑衅行为的后果。这些方法要保持一致、落到实处才能得以巩固，师生才能明确课堂期望和已达到或未达到期望的结果。

短期内，尤其刚开始教学时，可能会出现棘手的局面，你也可能不得不用自己讨厌的方式上课。这是因为这个时候的重点在于培养一系列习惯（即你想要的课堂文化），而学生可能对此完全不了解，做出的挑衅和违规行为比预期还多。

但记住，培养习惯的过程对学生来说就是学习的过程。你的言行给他们传达了信息，告诉他们你要培养的习惯及其原因，也告诉他们如果养成了习惯、部分养成习惯或者尚未养成习惯，那么你会采取不同的做法。

教师要表明自己的要求始终如一，让学生有长期培养习惯的心理准备。这样，就算某些学生短期内对所设立的规则、界限和惩罚心怀不满，在逐渐意识到了你的坚持后，就能预测到教师对他们的要求，明白不能与之相悖。为进一步实现这一目的，教师可以同时与学生交流如何培养习惯、他们取得进步的潜力和以学习为中心的良好行为给全班同学带来的益处。

本章内容总结如下：

- 需要明确规则并加以阐述。
- 规则应该反映你想要培养的课堂文化，落实规则需要公平、公正。
- 需要明确界限并加以阐述。
- 界限应该与规则紧密相连，谨慎执行。
- 需要明确惩罚并加以阐述。
- 实施惩罚时应该谨慎、公平、始终如一。
- 坚持一致是培养良好习惯的关键。

Planning for Learning

第四章

教学规划

本章讨论教学规划如何促进有效的行为管理，探讨一系列策略和技巧，从而激励学生专注学习的积极行为，帮助教师培养理想的课堂文化。

进入正题之前简要强调一下：有效的教学规划是优秀行为管理的基本特征。因为学生的课堂行为总是发生在你事先设计的课程之中，也就是说，有效的教学规划更能鼓励良好行为。

如果教学规划欠佳，教师没有充分考虑学生的表现和他们面临的挑战，那么说明从本质上来说，教师自己对课程设计的实际效果没有十足把握。因此，需要注意两点：第一，教学规划越充分，你在教学时就越有时间关注课堂行为，不会因无法兼顾课程教学和课堂秩序而手足无措，甚至能聚焦于课堂秩序，力所能及地保证学生的优良行为。第二，清楚自己想要的课堂行为、学生需要掌握的信息以及他们面临的困难，你才能预判每节课的教学方法，因此得以辨别哪些行为会让你偏离既定的教学目标。

规划教学时将学生行为考虑在内，有利于实现上述效果；如果不考虑，上述效果可能实现，也可能无法实现，但你不会主动为之努力。

带着上述观点，我们接下来探讨具体而实用的教学规划方法。

课程结构

首先需要考虑的是课程结构。形成课程大纲后，你就应考虑课程结构对学习进度和难度的影响。如果课程结构无法兼顾这两个方面，你就需要加以调整。

比如，对于7年级的课程你可能这样安排：学生需要在前30分钟听教师讲课，之后应用所学知识进行练习。反思一下，你发现这种安排可能让他们上课走神或者失去兴趣，毕竟坐着听课30分钟对于7年级学生而言相对漫长。

尽早明白问题所在就能尽早解决。正式教学之前改变课程结构会容易很多，比如，你可以把前30分钟变成两个15分钟，中间插入一个结对讨论活动。这样做考虑到了学生的精力，给他们时间恢复，再让他们在教师的引导下进行第二部分的练习。

思考课程结构就是在思考该安排对学习目标的影响。正如所举的例子那样，它部分取决于如何分析课程结构对学生心理造成的影响，即学生产生的感受和反应。

当然，也不要一味迎合学生一时的感受，这不合常理。你应考虑课程结构对学生课堂体验产生的影响，以及他们对此做出的反应。

座位安排

安排座位是有效管理行为的重要环节。教室是一个社会空间，社交活动发生于此。学生之间的相处方式因人而异，所以你需要合理安排座位，让学生尽可能专注学习。也就是说，你要仔细考虑学生的座位、安排的原因和必要时调整的方法。

避免以下情况：

- 关系好的学生坐在一起。
- 需要特别指导的学生座位离教师太远。
- 喜欢闲聊、表现不佳的学生坐在一起。
- 喜欢闲聊、表现不佳的学生坐在后排（或离教师很远）。

思考以下问题：

- 学生能看到谁？课堂互动效果是否不佳？
- 教师最容易注意到哪些学生？能否注意到班上每位学生？
- 桌椅安排呈线形、U形、圆形还是其他形状？该安排对行为管理有什么影响？
- 是否易于帮助最需要帮助的学生？

实现以下目标：

- 所有座位的安排有明确的理由。
- 随时调整没有达到预期效果的座位。
- 让经验丰富的学生坐在一起，凭直觉和推论就能知道他们会合作愉快。
- 让需要指导的学生（包括需要定期行为指导的学生）坐在前排或最后一排以便接近他们。
- 尽量不让学生互相干扰（比如避免由于视线交流而产生闲聊、干扰课堂的行为）。

总之，座位安排是管理课堂互动的有效手段，有利于奠定课程基调，培养专注学习的课堂文化。

热身活动

不同类型的热身活动有不同的行为管理目的——如果你规划教学时能考虑到这一点，就能促进优良行为。下面举几个例子：

- 静心活动。这种活动往往是教师给学生布置一个易于完成、吸引注意力的单独任务，让学生安静下来，迅速专注学习。比如，你可以要求学生就某话题写一段看法，也可以要求他们列出能记住的上节课要点。该做法促进学生集中注意力，有利于减少与课堂活动无关的行为，让学生融入你想要的课堂文化中。

• 激励活动。这种活动能立即吸引学生，激发他们对课程的热情，有利于鼓励全班同学，创造积极向上的氛围，也有利于改善学生无精打采、漠不关心的态度。你可以提一个不寻常的问题，让学生结对得出答案；可以开展竞争性或团队性的游戏；还可以展示一张吸引人的图片，鼓励学生讨论。

• 常规活动。你要让热身活动常规化，也就是说，形成一套惯例并将其融入到所有热身活动中，让学生熟悉、回顾之前的做法，聚精会神地上课。比如，你可以设立这样一套流程：学生走进教室，记录学习内容、目标和关键问题，提醒自己当下的任务，最后教师再开展热身活动。这种方法有利于培养学生专注学习的习惯，让你从一开始就能把握课程方向，营造课堂气氛。

• 重复活动。这便于在开展课堂活动时能发挥习惯的益处。你如果能发现一套有利于实现学习目标的热身活动，就能训练学生做出相应反应。随着时间的推移，学生会逐渐了解这些活动，并根据已有的经验做出反应，有利于直接、快速地开始授课。

因此，你要考虑自己设计的热身活动、其对学生的影响以及奠定的课程基调。受限于篇幅，这里不再概述其他方法，但上述方法能让你给自己的课程开个好头。

让学生获得成就感

成功是一种激励，给人成就感，用归纳的方法自我暗示：既然完成了这项任务，就可能完成其他任务，从而促进正向思维。

因此，保证所有学生都能在热身活动中有成就感，是促进学生参与互动、奠定良好开端的好方法，让他们一开始就产生积极进取的感觉，从而专注学习。

当然，热身活动不能过于简单、毫无挑战，关键是要平衡好难度和动力。一个简单的做法是把热身活动分成两部分，第一部分应基于布卢姆教育目标分类法的前两个层次——识记和理解，而第二部分应提高难度，基于深化理解或更高层次的应用、分析、综合或评价。下面是11年级心理学课引导学生学习的一个例子：

热身活动：要求学生列出听到“学习”一词时脑海中想到的所有词汇，尽可能包括一些科学和心理学术语。

提出问题，挑战学生：没有记忆力能否进行学习？为什么？

在这个案例中，主要的热身活动考查识记和理解能力。教师让学生回忆他们已有的知识，并从“学习”的角度来思考。基于先前的教学经历，这个方法对所有学生都可行，能让他们获得成就感，从而让自己融入到课程中。

挑战学生的问题要求更高。可能全班学生，也可能只有一半学生会思考该问题，但无论怎样，它们都能拓展思维，并立刻使学生体验到成就感。因此，我们在要求学生深入思考问题时，既创造了动力，又培养了积极情绪。

该方法几乎适用于所有课程内容，也适用于所有年龄段的学生。

过渡环节

课程从一个环节进入另外一个环节时需要过渡。比如，我们从热身活动过渡到教师讲解主要内容，然后再过渡到学生参与主要活动。

所有课程都会有过渡环节，但它们常常会扰乱学习进程，也可能让学生偏离主题，因此，教学规划过程中应该加以关注。第一，应该尽量减少过渡活动。如果你的课堂中存在大量过渡活动，教学会更加困难，因为每次过渡你都必须控制好干扰因素，努力让学生集中注意力。过渡活动越少，学习干扰就越少，管理所花的时间也更少。第二，你应该想好如何衔接过渡环节，尽量减少负面影响。也就是说，你需要发现隐去过渡环节的方法，让其自然而不明显，令学生意识不到。

下面这个例子过渡就不够自然。教师结束了一项活动，然后花30秒时间切换PPT课件、分发资料。学生能看到过渡的过程，因此很可能有各种反应。为了更自然地过渡，我们提前5分钟不用白板，预先准备下一张幻灯片，在上一活动结束前就把材料倒扣在学生的桌子上，这样授课时就能无缝衔接两个部分。

上述方法简单有效。你在规划教学时需要留意这些方法，授课时始终提前5~10分钟准备，这样才能高效完成过渡环节。

从学生角度进行思考

做好课程规划后，你需要花几分钟从学生角度进行思考，想一想他们在每个环节可能做出的行为。由此，你能发现课程安排的不足之处：

- 有些环节要求不明确。
- 有些环节学生无事可做。

- 有些环节只有部分学生参与。
- 有些活动只适合部分学生。
- 有些环节的教学节奏不符合预期。

如果你发现了上述不足，可以通过修改课程计划加以解决，为行为管理做好充分准备。而与之相反的做法，是到上课之后才观察学生的表现和反应。虽然我们无法精准预测学生的课堂表现，但是可能做到相对准确，进而调整、修改课程规划方案。

另外，你要从不同学生群体的角度进行思考。比如，你可以把自己想象成能力较弱、中等和较强的学生，也可以想象成英语非母语的学生或有特殊教育需求的学生。每一个思考角度都有利于深入了解：课程规划在多大程度上满足了学生的需求，为行为欠佳的学生创造了多少积极表现的良机。

组织教学素材

如果合理规划课程，我们就能更好地把握教学，因为我们会全身心关注面前的学生，致力于促进积极学习的行为。

规划课程本身就是组织教学。通过规划，我们设法安排课堂时间，将其分成不同的环节，做好衔接，以便快速推进教学。

教学素材也需要组织。教学素材包括课上使用的幻灯片以及所有需要的资料，必要时也包括学生用书。再次强调，这是教学基础，忽视了这一点，你会毫无章法，非常不利于开展教学：第一，你在课上会花更多时间和精力处理问题；第二，这种信息会传递给学生，影响其他教学内容的开展。

因此，最好提前一天打印或复印资料，准备好学生用书，并安排好发放资料的程序。你可以自己分发，也可以让学生分发，或者全班同学自行领取。

假设学生进入教室时看到了这样的情形：热身活动已经写在黑板上了，书放在桌上供学生使用，准备好的资料单独放在教室前面——这个例子足以说明有效组织的益处，呼应了本书前文的内容，即培养课堂文化、提出高期望和为学生树立榜样。

灵活调整

如果管理课堂行为很困难，学生经常违纪，最好调整一下课程规划，提前阻止问题的发生。

要求学生以小组或结对的形式学习，这在一定程度上会减弱对课堂的控制。通常情况下合作学习的方法卓有成效、大有裨益。但如果你很难管理学生的行为，那么最好停止合作学习，因为它会破坏你对课堂氛围的控制，不但不利于你管理行为，反而会助长学生已经形成的消极行为模式。

短期内，你最好采用互动较少的活动。虽然这可能有悖于你的教学理念，但只有学生积极参与，以学习为中心，小组合作或类似活动才会有效。

我们首先要建立理想的课堂文化，然后通过课堂文化来促进多种多样、富有趣味的教学方法。减少互动的活动如下：

- 独立写作
- 独立回答问题
- 读书（可以自由阅读，也可以带着问题阅读）
- 在教师的指导下进行讨论（教师讲完后每次选一名学生发言）

- 教师讲解
- 做笔记
- 独立完成任务，比如画思维导图、制作散页材料或手册
- 阅读教材
- 观看视频并做笔记（适当辅以音频）

上述活动旨在引导学生少互动多学习，加强教师对课堂的干预，让学生知道学习至关重要，强调学生互动的规范，改变学生已经形成的不良习惯。

规划该类活动有利于管理表现欠佳的学生。时间久了，你可以慢慢增加其他类型的活动，判断学生对不同活动的积极程度。

该类活动还有一个优点：如果你已经准备多套互动少的活动方案，必要时可以在课程进行中增加一个环节。比如，团队合作出了问题，你可以迅速调整课程方案，让学生写下自己的想法。这样有利于缓和气氛，引导学生重新专注于学习。

系统地训练学生

我们之前简要提及了训练学生的观点，而本节和下两节内容将详细予以阐述。首先做好规划，然后将训练的内容作为课程的一部分——这是我们一贯的目标。为了系统地训练学生，你需要先确定行之有效的流程，然后再让学生完成。举例如下：

- 开始课程的方式
- 分发图书和资料的方式
- 结束课程的方式

- 反馈的方式
- 自我评价和学生互评的方式
- 回答问题的方式
- 应对未知状况的方式
- 独立学习的方式（比如，独立解答问题，参考相关图书，询问同学之后再求助于教师）

上述训练先给学生展示了解决问题的理想方式，然后给他们时间练习。这样做有3个好处：第一，该流程在以后的教学中可以反复使用，有助于规范行为、培养课堂文化；第二，如果学生能够规范地完成各个环节，就会体验到成功的感觉，也能逐渐熟练起来，这样课堂气氛就会融洽；第三，从长远来看，该流程能节省时间，从而提高课堂效率。

有些教师喜欢在学年初的几节课上对学生进行大量的系统训练，让他们不断适应这些流程，直到能不假思索、快速有效地按照流程行事。这种方法并非屡试不爽，但有利于建立融洽的师生关系、表达教师的期望。

在活动中训练学生

教师进行课程规划时，需要选择一小部分活动并定期开展。每一项活动中，你都需要训练学生完成任务的能力，并在学期初给他们练习的机会。学生会明白成功参与课堂的方法，在之后的活动中就能全神贯注于任务内容，不需要再花时间弄清你的要求和自己的学习目标。

该做法的优点显而易见：学生明晰你的期望，就能学会更多知识；学习目标明确，违纪行为就会减少；课堂活动的效率更高，教师就可以提高课程难度。

教师可以通过各种活动训练学生——无论是热身活动、主要活动还是集体活动。如前所述，你可以先从一小部分开始，学生熟悉了之后再依次增加，这样训练他们时就有更多选择，对活动熟悉和多样性选择的好处就由此体现出来了。

在规则中训练学生

训练学生的最后一点是在规则中开展，要思考如何帮助他们牢记不同环节的不同要求。

首先，把课程分成若干独立环节。比如：

- 开头
- 核心
- 结尾
- 双人合作
- 小组合作
- 独立任务
- 讨论

需要明确每个环节学生应遵守的规则。如果你已经像前几章所说，设定、规范了课堂文化，这个环节就不用花太多时间。接下来，在学年伊始的几周内进行规划，给学生提供学习规则的机会：向他们解释课程的不同环节以及相应规则。比如，每个环节开始前你可以在黑板上写下规则，中途提醒学生，结束后师生一起简要回顾规则的遵守情况；你也可以编写纸质材料，写上每个环节的规则，打印出来发给学生，在学期伊始的几周内定期回顾，从而训练他们遵守你设定的规则。

上述两种做法的目的是一样的：训练学生，让他们明白不同环节的相应规则以及遵守规则所需条件，这样在这一年里他们就能更快、更容易地达到你的要求。

避免学生产生挫败感

行为是由动机决定的，包括想法、感受、情绪和理性因素。因无法完成学习任务而产生的挫败感是课堂表现不佳的常见原因之一。

挫败感有不同的表现形式，但都源于这样一种心理：学生觉得自己无法完成任务，进而难以在课堂上获得认可，失去动力，怀疑上课和完成任务的意义。

规划课程时你应该尽力阻止此类问题的发生。做好规划后，思考一下你布置的不同任务，并考虑到每个学生的情况。扪心自问，每一项任务、问题、活动是否会让某些学生无法完成。如果是，那就着手解决。

比如，你可能发现，课程进行到一半时学习难度激增——这合情合理，但不利于那些能力较差的学生，因为他们在后半节课完成学习任务的能力比其他同学差。如果注意到了这点，在后半节课，安排其他学生继续学习的同时，你可以把这些较差的学生组成一个小组。或者，你可以布置一项相对简单的任务，让他们适应增加的难度，也就是让能力较差的学生以此为基础再进一步学习更难的内容。

在课程规划时考虑到学生完成任务的可能性，有利于设计解决问题环节，减少因挫败感产生的不佳表现，尽可能地促进各方面的进步。

“定型课”

有时事情不会如期、如愿发展。面对行为问题严重的班级，比起激励教学，我们应该保证一定程度的教师干预。主要目的是，让学生停止现有的负面行为，否则就不可能培养良好品质。

第一步，打破既有习惯，也就是阻止学生在课堂上按照自己的规范和价值观行事，但这并非易事，改掉老毛病并培养新习惯需要时间和毅力。

“定型课”就非常有益于你迈出第一步。“定型课”是课程规划中的一个备选项，在少数情况下，行为问题过于严重，教师认为有必要彻底改变时，“定型课”就派上用场了。

“定型课”目标明确：最小化课堂互动，最大化教师干预，强调学习至上的理念。这类课程需要高度专注，严格引导。举例如下：

• 学生整节课都在独立完成各种写作任务，禁止讨论，高度集中于自己的任务。

• 教师将课程分为三小节，对每一小节逐一讲解。学生边听边做笔记，每小节结束时根据自己的笔记回答问题。

• 教师让学生阅读教材，做好笔记，随后让学生独立回答与教材内容相关的问题。

上述3个示例中，学习固然重要，但行为管理更重要。“定型课”的目标就是着重于保持注意力和消除不良行为，因此是卓有成效且随时可用的方法。同样地，如果你采纳了本书之前的建议，就很少会用到这种课程，但了解一下总是有益的。

为此，你要合理规划出两到三节符合科目和年龄段的“定型课”。如果你提前做好课程规划，必要时就能随时应对。

至此，我们探讨了课程规划方法，以促进积极行为、高效学习。这里总结如下：

- 课程规划会对学生行为产生巨大影响。
- 记住这一点能够提高规划效率。
- 让学生体验到成功的感觉，布置难度适当的任务，做到这两点总是有所裨益。
- 预测学生的课堂体验，这样你就有机会在正式授课前做出重要调整。
- 准备充分、组织有序有助于你高效地管理学生行为。
- 最后一点，你在授课时得到的信息可用于后续的课程规划，比如学生的反应、专注程度和参与活动的积极性等。这样做可以提高工作质量，强化课程规划对行为管理的效果。

Using Praise

第五章

善用表扬

前文提到了负性制裁的重要性，它是打破规则、违反规范的后果。还有一种制裁方式是正性制裁。这个词乍一看可能很奇怪，因为制裁往往让人联想到处置措施。

我们可以把制裁分为两类：正性制裁和负性制裁。这样做有利于教师记住已经告知学生的行为后果——既有消极结果，也有积极结果，后者包括奖励、奖品等，其中最重要的是表扬。为了体现它的重要性，这里整章都将探讨表扬，首先简要阐述其性质和作用，然后介绍实用有效的表扬方法。

表扬的作用

表扬效果显著，能够对他人产生积极影响：让他人感觉良好，认为他们的行为有价值，表明对他们自身和行为的极大尊重；让他人觉得自己很重要，获得了认可，也觉得自己的努力没有被忽视；可以改善行为，因为它所带来的积极感受让我们联想到自己的言行，从而重复这种行为。

表扬能赋予他人身份。我们称赞某人的行为，就是在暗示该行为是积极的，这种公开肯定是承认身份的表现。反过来，假设一个人觉得自己的努力总是被忽视，从来没有得到应有的认可，他就会觉得自己的身份被否定和排挤。

毫不奇怪，在对许多员工的调查中发现，增强动力和士气的首要措施并不是加薪，而是经理的表扬。对努力的认可会强烈影响他们的自我认知和他们眼中别人的看法。

为进一步阐述这一观点，回想一下令你记忆犹新的表扬，你当时感觉如何？再回想一下，当你看到其他教师对学生大加赞扬时，被表扬的学生受到了什么影响?

俗话说，优秀的激励者能让他人自信满满，因为他们表扬别人，让他人关注自己所有的优点和擅长的事情，意识到自己的存在意义和内在价值，其效果不容小觑。

此外，我们往往会对称赞我们的人有好感；阿谀奉承的人自然就会利用这一心理特点。如果我们对某人有好感，就更可能为他们努力工作，听从他们的指令，采纳他们的建议，并相信他们会考虑我们的最大利益。

就行为管理而言，表扬有利于促进你想要的行为，帮助你建立融洽的师生关系，树立优秀的榜样，营造积极的课堂氛围，让学生明白你们是目标一致的团队。

表扬要真诚而具体

表扬要做到真诚而具体。学生很快就能发现虚假的表扬，之后无论你的表扬是否真诚，他们都将不再信任。

要让表扬更真诚，你需要定期观察学生的所作所为，思考其中一个或多个闪光点。若表扬没有规律，学生会质疑：为什么现在表扬？也就是说，他们会认为你的表扬不是出于习惯，而是别有用心。

表扬越具体，就越能体现出真诚，这也是为什么泛泛的、司空见惯的称赞常常被视为空洞的套话。因为所有人都可以毫不费力地做出类似的称赞，过度使用和不断重复让它失去了原本的意义。为进一步证明，比较以下两种表扬方式：

A：尤兰德，你今天表现很好，真棒！

B：尤兰德，你遇到困难也一直坚持学习，表现很好。我希望你坚持。

第一个例子并没有错，它的出发点是好的，没有恶意。但如果反复使用就会失去原本的意义，成为陈词滥调。

第二个例子因为具体而显得真诚，而且教师表扬的是课上真实发生的、具体可见的事情。表扬尤兰德学习的决心，既说明她的行为是积极的，需要坚持，也说明教师注意到了这一点，并加以赞许。

坚持这种具体、真诚的表扬，能够尽可能发挥它给行为和学习带来的益处。

促进积极行为

通过表扬促进积极行为有以下5个技巧：

• 在学年伊始，尽可能表扬更多的学生，称赞他们符合要求的行为。这样做有利于让学生快速、积极地熟悉课堂规范和价值观，同时也向他们描绘了学生的课堂角色——这种角色是由表扬塑造的。

• 在活动开始时，表扬听从要求的学生，引起其他学生的注意，鼓励他们进行模仿并表示称赞。这个技巧可以用于任何活动，但过度使用会失去部分效果。为避免可能的失效，表扬学生的行为可以结合言语表达和非言语表达（比如，竖大拇指可以避免重复的口头表扬）。

• 如果学生的行为与你的要求相反，让他们停下来做出改变，并表扬听从要求的学生，称赞他们想要改变的决定和立即改变的行为。这个方法非常有效，能够突出强调不同行为的不同后果。

• 如果某小组或整个班在整节课上或整个活动中表现良好，你要随时表扬他们，表扬应具体指出行为中的优点并能同时涵盖所有学生。如果全班都表现良好，我个人喜欢下课前提出表扬，这样能在积极的氛围中结束课程，也能团结全班同学为共同目标努力。

- 如果你想要全班学生都做某件事，就表扬已经开始行动的学生，让大家关注他们。比如，你想让学生先把书包放在地上，再进行热身活动。你可以表扬已经这样做的学生，再表扬效仿的学生。很快，班上的大多数学生也会达到你的要求并因此受到表扬。

表扬过程

过程是学生做事的步骤，而不是产生的结果。它与行为相伴而生，而非外在创造的产物。比如，努力写作是一个过程，文章是这个过程的产物，即努力是学生角色本身具备的特点，而文章是外在产生的结果。

过程贯穿于每一节课，但学生的收获不断变化。表扬结果是在表扬外在产物，时效性仅限于本节课，而表扬过程是在表扬学生本身，在今后的课程中都能派上用场。

举例如下：

A：达里尔，你做得很好。我喜欢这样的配色。

B：达里尔，你做得很好。你认真思考了配色方案，我很喜欢。

注意第二个例子是如何谈论达里尔创作过程的。这是他的思维，是构成他性格的一部分，将来也会起作用。而第一个例子表扬的重点在作品，是独立于达里尔而存在的，他可能喜欢表扬，但在以后很难通过这一点创造同样的作品，也很难应用于未来的学习中。

表扬过程就是让学生关注自己在其中的思考和努力，并根据产生的结果加以强化。这种方法的另一个好处是普遍适用，你可以针对不同学生提出表扬。比如，三分钟热度的学生坚持上完了一节课，你表扬他们上课的过程；能力强的学生用批判性思维解决了棘手的问题，你表扬他们解决问题的过程。这两个例子都忽视结果而强调过程，因为过程是源头，是我们想要再次看到的——表扬会突出强调这一点。

公开表扬

公开表扬，就是当着他人的面对学生及其行为给予认可。这种做法会产生强烈影响，让学生感到自己的努力得到了学校师生的公开认可。尽管如此，并非每个学生都喜欢公开表扬，性格腼腆和由于更复杂的行为问题而难以接受表扬的学生可能会畏缩不前。因此，公开表扬之前你要稍加思考。当然，熟悉了学生之后就没必要过多考虑了。

关于如何、在哪公开表扬，以下有3个例子：

- 课上表扬。我们可以当着全班的面表扬某位学生的努力。比如，下课前花几分钟表扬两三位特别努力的学生，或表扬知难而进、进步巨大的学生。如果师生关系融洽，我们甚至可以让全班为他们鼓掌。
- 在集体活动中表扬。许多集体活动中都可以表扬学生付出的各种努力，你可以借此机会让他们在广大师生面前得到表扬。如果以前表现欠佳的学生达到并超过了要求，此时表扬最佳。也就是说，集体活动中给予的认可会更胜一筹，因为此时的师生人数比上课时的多。
- 当着家长或其他教师的面表扬。你可以在其他教师（比如指导教师或年级主任）面前表扬一个学生，借此机会夸赞学生的努力；你也可以在家长会上，当着家长的面表扬学生的努力，称赞相关各方（等于间接称赞家长）。

课后表扬

下课后，在学校找机会称赞学生也是一种公开表扬，这样做就能在当天不错过表扬的时机。下面有3个例子：

- 在走廊表扬学生。第一节课之前、课间、午饭时间，如果在走廊上碰到学生，回忆一下他们最近课上值得表扬的行为，借此机会称赞他们。这是个建立融洽关系的好方法，可以向学生表明你记得他们的努力，把他们视为重要的个体，是值得关注的对象。比如，去上课时你在走廊上碰到一个学生并对他说："艾略特，我昨晚读了你的文章，你权衡论点的方式让我印象深刻。"
- 值班时间表扬学生。在休息或午餐值班时也可以表扬学生，这有助于建立融洽的师生关系，也可以促进所表扬的行为。你可以表扬学生以前的行为，也可以表扬他们在休息或午餐时的行为。比如，表扬树立榜样的学生，或者不乱扔垃圾的学生。
- 放学时间表扬学生。放学时间是表扬的好时机，学生回家路上耳边会一直回响着你的夸奖。如果时间允许，每周一两次在放学时间经过学校大门，借此机会表扬学生。这也是建立融洽师生关系的良机，比如你可以问问他们今天过得怎么样，晚上要做什么，并祝他们回家路上一切顺利。

书面表扬

目前提到的基本是口头表扬。接下来我们要讨论的是表扬的另一种形式：书面表扬。书面表扬通常以反馈的形式出现在学生的课本或作业里，是评价的一部分。

下面3种技巧可保证书面表扬的效果：

• 可以运用之前真诚、具体的表扬技巧，标出学生的名字，强调作业中的优点并解释原因。写上学生的名字可以让表扬更具体，证明评价针对他们个人（即使你可能写了20份相同的表扬）。另外，你在给学生解释优点的原因时，也是在向他们展示成功的标准，让他们更容易理解优秀作业的范例。

• 多表扬学生，少设立目标。这样做的原因有两个：第一，你的表扬会激励学生，同时也会为他们展示成功的标准（让他们以后更有可能成功）；第二，如果你先提供了成功案例，学生就更有可能采纳你的启发性建议。你最好保持这样一个比率：每表扬3次，设立一个目标。

• 表扬时要强调过程。这是对前文的呼应，之所以再提一次，是因为我们评价作业时很容易只表扬作业本身，忽视了它的完成过程，而作业的质量和性质能够体现出这个过程。

非言语表扬

上文提到了非言语表扬，但仅仅是粗略提及，下面将进一步探讨。

非言语表扬包括手势、面部表情和肢体语言等形式，有力补充了口头和书面表扬，是另一种锦囊妙计。

以下5个非言语表扬的例子可以用于赞美学生：

• 微笑。压力大、时间紧的教师很容易忽视这一点。微笑能展现出你的热情，快速简单地告诉学生你很乐意上课，他们的表现很好。

• 竖起大拇指。这样做可以含蓄地提示没有把握、寻求认可的学生，表明他们思路正确，并鼓励他们继续努力。

• 恍然大悟的表情。如果学生提出了一个很好的观点，或者做出意料之外的良好行为，你可以露出恍然大悟的表情，好像在说："哇，我都没有想到。"这样做有利于鼓励学生令人惊喜或者富有创意的行为和想法。

- 点头表示肯定。学生提出问题或表达观点时，你可以点头表示肯定，用这种简单的方法鼓励他们继续。

- 与言语互补的手势。使用手势来补充说明，就是用肢体语言来强调表达的内容。这样做能让信息更有感染力，更能展现你的真诚，让学生通过对比看到的肢体语言与他们解码的信息，思考是否已经理解了你的意思。

表扬榜样

榜样的行为可供学生观察、模仿和学习。课上表现好的学生可以成为其他学生甚至整个班级的榜样。表扬这些学生可以让大家关注他们的行为，间接表明他们的行为优秀，应该效仿。下面有3个例子：

- 小组活动中，表扬优秀的小组，为全班树立榜样。让大家暂停，简要说明模范小组的表现及其对学习的益处。合适的话（是否可行很大程度上取决于活动本身），请该小组演示他们的做法。另一个方法是走到各组中，表扬组内表现优秀的学生，树立榜样，其他组员可以向他们寻求建议。

- 当学生完成了作业且过程出色时，对他们提出表扬，树立为班级榜样，强调他们的努力，向全班同学展示他们的作业，让大家关注优秀的原因。向学生解释如何效仿模范行为；如果有投影仪，可以借助它在白板上进行展示。

- 如果某位学生很难达到你的期望，以另一个学生为榜样，向他示范优秀行为。表扬第二位学生以便向第一位学生展示我们的期望。这样做有两个好处：第一，为他们树立易于效仿的榜样；第二，让他们更加了解为什么改变行为对他们有益（因为同样会得到表扬和认可）。

寻找表扬机会

可惜，有些学生在学习生涯的大部分时光里都没有得到过表扬。这真是教育的耻辱，尤其是当学生离开学校，回忆当时别人对他们的看法和态度时，倍感遗憾。有些学生不仅几乎没有得到过积极认可，还经常因为表现不佳而受到斥责。

为了改变这种现状，你可以搜寻机会。观察班级，发现从未或很少得到表扬的学生。在了解学生情况后，寻找机会表扬他们的行为、思维以及完成任务的过程。

搜寻法对从未或很少受到表扬的学生十分有利，能够实现表扬带来的各种益处。实际上，教师给予这些学生的表扬（无论出于什么原因）比预期要少，这会让搜寻法的开展变得更为复杂。

典型的例子就是安静的学生。他们之所以逃过了教师的火眼金睛，可能很少得到关注，是因为他们不主动寻求帮助，看似也不需要。花些时间关注这些学生，根据我们的了解找机会表扬他们，让他们体验到被称赞的感觉。

另一个常见的例子是因为表现不佳而经常被训斥的学生。在这种情况下，我们可能会无意中习惯性地关注该学生的违纪行为。但是他们有时也会表现良好，我们应该给予表扬。这样不仅能让学生感受到表扬带来的正能量，还能让他们知道我们没有给他们贴标签（这一点请参考前面的内容）。

表扬改变的行为

表扬改变的行为，就是在积极促进学生做出改变，无论是个人、小组还是班级。这样做的最大益处在于，向已经改变的学生清楚地表明，我们认可他们的变化，鼓励他们继续保持。

以下3个例子证明了表扬行为改变的作用：

• 学年伊始，学生总是达不到要求，经常挑衅制订的规则，寻找机会违反或破坏规范，而它正是我们想要培养的课堂文化的一部分。因此，我们实施惩罚，让学生看到他们行为的后果。经过几个月的努力，学生的行为得到极大的改善。此时，围绕学生积极改变的行为做出表扬，可能对他们产生重大影响，因为这表明我们注意到学生为改变行为所付出的努力，对此加以认可并且积极促进。

• 一组学生在小组活动的前半部分没有达到我们的要求，我们可以走过去和他们谈话，表达自己的失望，再次强调我们的要求、原因和无法达到的后果（很可能是不允许他们再次合作）。5分钟后，我们再次走近该小组，发现行为大有改善。表扬他们做出的改变就是夸奖他们有意识地听从要求并改善行为。表扬有助于发扬、促进这种表现。

• 为学生设定有助于提高学习质量的目标，包括让行为欠佳的学生改变主要学习方法。比如，我们要求在体育课上踢足球的学生接球前抬头看一下，并且每次别人传给他们球时都要这样，尽管他们以前从未这样做过。

做出这样的改变很难，也需要一定的时间。表扬学生做出的改变就会鼓舞他们，帮助他们专注于完成目标的重要任务。此外，对比刚开始的表现和受到夸奖后切实的改变，表扬会进一步强化改变后的优秀行为。

表扬努力的行为

前文提及了对过程的表扬，并概述了该方法卓有成效的原因。我们提到的过程之一是学生付出的努力——所有学生都能做到，无论他们处于什么水平，掌握多少知识，取得多少成绩。而且，努力是成功的基础，也是不断取得成功的必要前提。因此，表扬努力的行为就其本身而言一直在发挥作用，也是表扬过程的一部分。

表扬努力的行为时，要引起所有学生的注意，并清楚说明努力和成功之间的联系，这种方法切实有效，有助于学生了解努力的重要性及其产生的结果。

某些教师和学校喜欢根据具体的努力程度打分并记录下来，以此发挥努力的作用。比如，学校可能会在报告中评价努力程度，或者每年以电子版形式给家长发送3次。这种评分方法非常有效，但是否符合你的教学和行为管理风格则是另一个问题。如果符合，我强烈建议你也采用这种方法。你可以通过打分强调努力的重要性，让学生养成重视努力的习惯。

如果你不喜欢这种方法，可以采取一种定性分析的方式：在口头和书面表扬中不断强调努力，在树立榜样和要求学生改变时，把努力作为基本要求（比如，在小组活动的过程中，要求学生以付出更多努力为目标）。

两者各有优点，你可以选择行之有效的方法。只要确定并坚持合适的方法，学生就会有所收获。

把表扬当成重要的事

以上概述的内容说明了一个核心观点：无论教学内容、对象与地点如何，你都应该把表扬当成重要的事，以便有效管理行为，并取得最大进步。

总而言之，这意味着：

- 寻找机会表扬学生，包括那些可能被忽视的学生。
- 表扬要真诚而具体，以表扬过程和努力为重点。
- 运用口头、书面和非言语表扬。
- 用表扬来促进你想要看到的积极表现，包括间接激励（比如，让学生看到其他同学受到表扬）。
- 把表扬作为奖励，认可个人、小组和班级在课程和活动中付出的努力、完成的任务。
- 记住，表扬是一种获得认可的方式，寻找机会提出表扬时要考虑到这一点。
- 表扬不一定要局限于课堂。你可以寻找其他机会，通过表扬来建立融洽的关系，鼓励并帮助学生取得成功。

Eliminating Low-Level Disruption

第六章

杜绝轻微违纪

现在我们来探讨行为管理中比较棘手的一个问题——如何杜绝轻微违纪。许多教师认为这难以处理，可以说是通往优秀行为管理之路的最后一个障碍，因为轻微违纪往往介于完美和糟糕的学习行为之间。

这意味着学生会有意或无意地轻微违纪，但情况不会糟糕到行为不良的程度。比如，学生上课期间可能基本上在学习，只有最后10分钟偷偷地和前座同学聊天，暂时把学习抛之脑后；或者，学生一等到教师不注意就悄悄把作业推到一边，在记事本上涂鸦。

这种行为十分常见，既不特别出人意料也不格外糟糕，但实际上轻微违纪会让学生注意力不集中，首先考虑学习以外的事情。这有悖于教师想要培养的课堂文化，也降低了学生取得进步的可能性。

积累是创造课堂文化和取得最大进步的关键。我们需要在每节课上积累越来越多的边际收益，由此实现更长远的目标，引导学生更加专注于理想的发展方向。

无论是从我们想要创造的课堂文化，还是从想要实现的教学效果来看，杜绝轻微违纪对于师生而言至关重要。本章接下来的部分首先给轻微违纪下定义并加以分析，然后再探讨各种策略以减少或杜绝它的发生。

什么是轻微违纪

轻微违纪是指学生分散自己和他人注意力的行为，其严重程度不足以被视为主要行为问题。它包括：

- 闲聊
- 不合时宜地说话
- 大喊大叫

- 不开始学习任务或不听从要求
- 开始学习任务或听从要求时拖泥带水
- 对同学缺乏尊重
- 对教师和其他工作人员缺乏尊重
- 未经允许使用或尝试使用手机
- 未经允许离开座位
- 传纸条
- 试图与座位相隔很远的同学交流
- 教师讲课时插话
- 破坏课堂活动（在小组活动中十分普遍）

我们也许不想把上述行为视为轻微违纪，但是这种思维方式可能有问题。我们不应该将它们视作“轻微”违纪，相反，要去掉修饰词，称其为违纪行为。

但是，这种做法否定了课堂上存在不同程度的违纪行为。否定的目的并非在于错误地将大喊大叫、说脏话和与邻座交头接耳相提并论，而是表明我们不希望出现专注学习之外的行为，也表明违纪行为扰乱了课堂秩序，阻碍了教师、班级乃至学校实现目标。因此，虽然违纪的严重程度不同，但各种违纪的本质都一样：干扰学习。

这种思维方式就是将轻微违纪重新定义为难以接受的行为，因为它妨碍了学习。允许轻微违纪就代表学习不是所有学生自始至终的课堂重点。虽然他们很可能会质疑轻微违纪是否事关紧要，因此反对你改变他们的行为，但采用上述理由说服他们可以有效杜绝轻微违纪，在此基础上进行反驳，会形成强有力的、几乎无可争辩的立场，从而开展工作。其目的是用难以反驳的逻辑，向学生证明你的立场合理。下面是一个例子：

学生：开个玩笑而已，老师。有什么问题吗？

教师：课堂的首要目标是学习，我们也在为此努力。任何违背这一目标的行为都不利于我们取得成功。我们需要尽可能有效地利用时间，以取得最大进步。开玩笑没有任何益处，只会阻碍我们实现目标。

虽然学生可以反驳这样的说法，但很难做到前后一致，削弱教师观点权威性的唯一方法是试图动摇核心观点。比如，他们可能会质疑学习是每个人的首要任务。但这种质疑会让他们轻易遭到反驳：他们就喜欢捣乱，不喜欢专注学习。若确实如此，学生已经暴露了态度，与最初开点玩笑无关紧要的观点自相矛盾；反之，他们很难自圆其说，因为连自己都不相信。

上述例子有两个目的。第一，再次明确所有与课堂任务无关的行为都不利于学习，这种清晰的认识能够避免该类行为在课堂上发生；第二，有理有据地证明学生需要改变行为，这样做既为学生树立了效仿的榜样，又让他们在之后的教学中难以反驳。

传达高期望

传达高期望是第一个杜绝轻微违纪的实用策略。基于前文思考过的问题，我们回顾一下。

高期望向学生表明你不允许轻微违纪，强调学习在课堂中的首要地位，并指出与此观念相冲突的行为都有问题。传达与轻微违纪相关的高期望有以下3种具体方式：

• 在轻微违纪出现之前引起学生的注意。学年伊始，你可以谈谈什么是轻微违纪，有什么表现，为什么无法接受。这样既传达了对学生行为的高期望，也能在问题出现之前加以预防。这并不是说不会出现问题，只是为解决问题打好基础。

- 从第一次上课起，你就要求学生保持安静，然后静静等待。一开始学生可能会不适应，你需要等待几分钟。这样做明确向学生传达对行为的期望，之后让他们安静下来会更为容易；也会让你更具权威性，能够处理不合时宜地说话、大喊大叫或与同学闲聊。
- 让学生区分促进学习的行为和干扰学习的行为。开展一项活动，让学生结对合作填写两列表格，每一列为一类行为。这样做能让学生了解你对课堂行为的分类方式，以及你看待和判断课堂情况的途径。将来你可以回顾这个分类方式，告诉那些轻微干扰课堂的学生，他们的行为属于干扰学习的范畴。

不忽略任何行为

传达高期望具体表现为从第一天开始，不会在课堂上忽略任何情况，纠正学生的小过失和看似微不足道的违纪行为。比如，在第三节课上，你注意到一些学生拖延一两分钟后才开始完成布置的任务。此时，你应该立刻做出反应，提醒他们注意自己的行为并加以改变。

这种做法实现了两个目的。第一，你向违纪的学生表明已经注意到了他们的行为，但不会降低标准，因为你知道他们有能力达到。第二，你向学生表明希望所有人在任何时候、完成任何任务时都能专注于学习。这一点意义深远，暗示了你不允许轻微违纪，更禁止严重扰乱课堂的行为。

当然，反应适度很难做到。需要在不忽略任何情况的同时，采用对师生长远有利的明智策略，但也有可能被认为是小题大做或者多管闲事。如果发生这种情况，学生可能一想到你的课就会有负面情绪。

采用该方法纠正学生的小毛病时，需要秉持两种不同的态度：既要积极乐观，又要保持坚定。比如："史蒂芬，听到要求，你就必须开始学习，谢谢。希望班上所有学生都能做到，我也知道大家都能做到。"这会让师生互动更为融洽，让学生心里更自在，维持和谐的师生关系，同时也改变和纠正了你不希望发生的行为。

此外，你还需要表扬那些专注学习和按要求改变行为的学生。学生一开始觉得有些轻微违纪微不足道，表扬别人可以让他们充分意识到批评他们行为的合理性。

阻止课堂违纪

如果对扰乱课堂的行为放任不管，学生就不会停止轻微违纪，因为行为由动机导致，而动机又与他们想要满足的欲望有关。比如，学生想享受与朋友聊天的轻松愉快，或不想让自己的想法受到质疑。可见，轻微违纪一旦开始，就会持续下去，直到学生的动机得到满足。而动机的满足是永无止境的（动机可能在这节课中得到了满足，但在下一节课会再次出现）。

之所以这么说，是为了强调轻微违纪不会凭空产生，而是事出有因，与动机有关，而动机本身又受到理性和感性等因素的影响。和负面行为一样，如果不加控制，没有理由认为动机会自动消失——消失与否都有可能，但不消失的可能性更大。

因此，阻止轻微违纪很有必要，这也支撑了前两节内容的观点。但如何做到呢？在教学中可以采用以下5种口头表达方式：

- 表扬班上几位专注学习的学生，然后过渡到要求学生停止轻微违纪，即一边树立积极的榜样，一边要求改变行为。

- 表扬行为欠佳的学生曾经或现阶段的良好行为，再对扰乱课堂的行为进行批评和纠正。
- 提醒学生你为什么阻止他们的行为，接着简要解释可以怎么改正。
- 说“谢谢”而不是“请”。前者表示默许，而后者表示愿望。比较一下：“吉姆，重新集中精力完成任务，谢谢。”“吉姆，请你重新集中精力完成任务，好吗？”
- 确定与学习无关的行为，提醒学生本节课需要达到的目标。这样能将学生的做法与可能取得的成果密切联系起来。最后，提出你希望的行为，然后拭目以待。

实施惩罚

我们已经在其他章节提到了界定、表述和实施惩罚的重要性，惩罚是不良行为的后果。

许多教师不会坚持惩罚轻微违纪，这情有可原，因为这样做会显得小气、记仇，某种程度上这很有道理。在更大的环境中，为了社会和谐，我们也习惯于忽略一些小错误。比如，公用茶杯从未洗过，我们不会表露不满；同事没让自己插话，我们会选择沉默不语。

如果把这种逻辑应用于课堂，问题就会随之而来。课堂的要求和社交的期望是不同的，优先考虑的是学习，而不是融洽的关系。我们要在学习优先的前提下考虑融洽的师生关系，而不是把它当成绝对优先或独立的事情。

因此，如果我们想阻止轻微违纪，就需要实施惩罚。没有惩罚的威慑，学生会严重缺乏改变行为的动力。

同时，行为的恶劣程度与惩罚的力度需要成正比，这一点十分重要，否则学生会反驳：惩罚力度与扰乱课堂的行为不相符。除此之外，课堂的模式与社会大环境不同，有可能会引发不满，因为学生会关注自己所受到的不公正待遇。

因此，我们有责任认真界定轻微违纪的惩罚，确保力度与扰乱课堂的行为相符。将惩罚标准告知学生，不偏袒、不畏惧、始终如一地落到实处。

对轻微违纪实施的适当惩罚，建议如下：

• 采用皱眉、交叉双臂和面露不悦等非言语信号。一发现轻微违纪的行为就立即采取以上方法，这十分有效。随着时间的推移，学生会把这些动作与纠正行为的要求联系起来，能够快速简单地将问题扼杀在摇篮里。

• 要求学生留堂。这本身就是一种惩罚，同时还应该口头说明学生做错了什么、为什么错了以及如何纠正行为。一个有用的技巧是，把轻微违纪的行为当成一个独立的第三方，由你和学生一起解决该问题（这让学生觉得你们是一个团队，共同处理该问题）。比如："你能做到的今天没做到。我们如何一起避免再次发生这种事情呢？"

• 采取口头批评。口头批评让轻微违纪的学生知道，为什么他们的行为不符合要求。批评行为而不批评学生本人很重要，可以避免贴标签，有助于维持融洽的关系，让学生有机会改变行为（如果只是用语言暗示他们存在某种问题，则很难让他们改变）。

• 轻微违纪发生后，取消相关权利。比如，如果学生总是扰乱小组工作，这节课就不让他参加小组活动。这种方法有助于把消极行为与积极行为带来的权利联系起来，从而让学生看到行为直接、切实的后果。

使用语言技巧

上文提到，对学生行为提出要求时用“谢谢”替代“请”很有用。下面一些语言技巧可以巧妙地帮助你杜绝轻微违纪：

• 使用“我们”进行表述。这样能强调你和学生是一个团队，为同一个目标努力。教师可以说“我们要立即重新集中精力完成任务，谢谢”，而不是“你要立即重新集中精力完成任务，谢谢”。第一次这样表达会显得不自然，但反复使用“我们”有利于让学生养成习惯，把班级当成追求共同目标的集体（这样会提高不良行为的感知成本）。

• 描述未来计划。描述未来计划时我们要说：“这节课剩下的时间里，我们要全神贯注学习。也就是说，不要谈论其他事情，也不要故态复萌。”这样做是在向学生阐明期待的未来，让他们牢记于心，也提出评价行为的具体标准。

• 重新打造学生的自我要求。比如，你可以说，“我认为你不能做出这种行为”，或者“你知道自己专注的时间能够比这长得多，做给我看”。教师的话能打破学生对自己的低期望，颠覆他们的认知，从而鼓励他们改善行为。

• 提出无法回答的问题。这种方法可能适得其反，所以要谨慎使用。向学生提出一个只有改变行为才能回答的问题。比如：

1. 优秀的学生会这样表现吗？

2. 你难道不希望我看到你的优秀表现吗？

3. 我觉得你今天可以成为榜样。你可以的，对吧？

我相信你能发现，这些表述可能存在不妥之处，但目的是让学生思考自己行为的后果，同时也为他们提供了更可取的、能获得表扬的做法。恰当使用上述方法有利于迅速改变学生行为。

培养学习责任感

让学习成为每位学生的分内之事，是在鼓励所有学生认识到课堂学习部分取决于他们的行为。这就意味着，教师让他们对学习产生责任感，认为这是他们自己的事。培养这种责任感让学生有理由杜绝轻微违纪，更不可能没有考虑后果，就形成了不理想的行为模式，因为他们牢记自己对课堂学习的责任感，从而有力地避免了负面行为。

以下3种简单的方法可以做到这一点：

• 开始上课时，介绍学习目标，要求学生抄下来。接下来，让他们与搭档讨论确保每位同学都达到该目标的3种做法。然后，要求他们记录下来。最后，选几对搭档与全班同学分享看法。这一过程有助于学生将达到学习目标作为课堂要求，强调了行为对每位同学的成功都有影响。此外，也能让学生自始至终努力学习。

• 上课之前，确定一项价值观，以培养你想要塑造的课堂文化。在课程开始时，提醒学生注意该价值观，并解释它的重要性。然后，要求学生与搭档合作，列出5种与之相符的课堂行为。接下来，让不同的搭档互换答案。最后，要求3名学生与全班同学分享看法。这种方法与前一种类似，但它聚焦于价值观，再次让学生专注于这样一种理念：学习是他们自己的事情，并让他们通过讨论和分享达成共识。

• 建立人人出力、全班受益的奖励机制。比如，你可以承诺，如果全班同学都没有轻微违纪，你会在下一节课播放一段与课程内容相关但生动有趣的视频。具体说明奖惩办法，告知学生有3次轻微违纪的机会，超过3

次就不会有奖励了。

这会产生两种结果。一方面，学生接受这种做法，开始注意自己和其他同学的行为；另一方面，有一两个学生不接受，很快用完了违纪机会，导致大家都很失望。是否采取这种方法取决于班上学生的性格以及你认为他们对该方法的积极程度。

始终提供选择

轻微违纪会让教师感到挫败，而挫败带来的情绪会影响决策的过程。最常见的表现是教师给激怒自己的学生发出最后通牒（通常此时我们最为疲惫，学生的行为就像是一种挑衅）。这种反应可以理解，但不是最佳做法。话虽如此，情绪激动时，我们常常忘记挫败感是一种自己能够控制的情绪反应。

此时，为行为不符合预期的学生提供选择，是教师需要养成的良好习惯。这样做有几点益处：第一，它有助于避免上述情绪化反应，因为你需要停下来思考提供什么选择，尽管这个过程很短暂；第二，给学生提供改正的机会，用积极的做法取代他们的错误行为；第三，它避免了会导致师生关系恶化的最后通牒（最后通牒往往会预示某一方的爆发），更有可能快速、积极地解决行为问题。

以下是提供选择的例子：

“萨拉，你有两种选择。你可以在我说话时继续大喊大叫，这样我就必须在课后找你谈话，也可以选择尊重我，让我说完。”

或者：

“山姆，你来决定。要么选择按照要求开始学习，要么选择违反要求，把学习搁置。你认为怎么做最好？”

在这些例子中，我们可以看到学生是如何通过选择获得自主权的。因为这为他们提供了一个解决方案，让他们有机会证明自己可以做正确的事情并因此得到表扬，也强调行为是有后果的，是由我们的决定直接导致的。

为学生提供选择的习惯有助于避免轻微违纪造成的师生沟通无效。你在批评这种行为的时候，就能够掌握全局并保持道德权威。

为学生提供自主权

从更广泛的角度考虑，为学生提供自主权可视为让他们参与课堂的补充。这两种方式都在设法给予学生参与的主体感，让他们觉得自己的行为有意义、有目的，自己的选择对课堂体验有积极影响。

在上一小节观点的基础上，下面3种方法能够进一步为学生提供自主权：

- 要求他们为积极行为设定自己的成功标准，以此为基础避免或纠正轻微违纪行为。
- 通过提供有利于长远发展的建议，引导学生定期确立可实现的目标，这有助于他们把握学习进度、取得进步。
- 让学生投票决定希望你安排的活动类型，如果表现良好且没有轻微违纪，就以此奖励学生。

以下5种方法能够鼓励学生参与课堂（言外之意：如果学生参与，他们就不太可能形成违纪的行为模式）：

- 规划课程时逐渐提高难度，这样能创造节奏感，激发学生思维能力，吸引注意力。

• 把抽象的概念和观点与学生自身经历联系起来，有助于将课程内容置于具体情境中，基于学生的世界观赋予它意义和目的。

• 鼓励学生敢于犯错，并从中吸取教训。这样做可以减少他们对失败的恐惧，帮助他们在学习中承担更多的风险，从而更加享受学习。

• 把各种媒体资料作为教学素材的基础。多样性的教学手段往往会产生参与感（出于对新奇事物的兴趣），而且学生在课余时间习惯使用各种媒体。

• 把问题而非学习目标作为讲课与活动的基础，可以培养探究意识，并为学生确立学习目标（比如，能够回答有待解决的问题）。

考虑你的视线范围

教师发现轻微违纪才能加以处理。学生往往清楚地了解，教师什么时候能看到他们而什么时候不能。如果被与学习无关的行为诱惑，并且知道教师看不到，那么就会减少他们付出的代价。

想象一下，两个学生都想和邻座同学讨论昨晚电视上看到的内容。第一个学生在你的视线范围内，而第二个不在。前者被发现闲聊的风险更高，而后者则不然。因此，后者更有可能尝试。

始终考虑你的视线范围有助于全面掌握轻微违纪行为。仅仅知道你能看到，学生就会有所顾忌。此外，你可以迅速制止任何扰乱课堂秩序的苗头，因为一旦出现你就能够察觉。

站在教室的前面，直到确保学生都投入到学习中，这是个好方法。你也可以在来回走动时调整位置，以便能够看到所有或大部分学生。另外，你还可以考虑在特定活动中的最佳位置，确保能够注意到发生的一切并在必要时加以干预。

有些教师喜欢在学生学习时站在教室的后面。这是个不同的视角，能够观察到整个教室，而学生不一定能看到你。

来回走动时，记住只需走近学生就能够阻止他们轻微违纪。你可以轻声提醒，或者什么也不说。在大多数情况下，仅仅让学生感觉到你的存在就足够了。

来回走动的另一个好处是能够从不同的角度观察班级。以这种方式改变视线范围能够获得有关行为的不同信息。比如，你可能来回走动时才意识到，站在教室前面无法注意到视线范围最左边的一些学生，你发现这已经导致了一些不良习惯的形成。掌握了这些信息，就可以适当地加以干预。

最后值得注意的是，学生很快就会明白你是否会注重观察行为，关注轻微违纪的具体案例从而加以避免。如果从学年伊始就经常这样做，大多数学生本来很想在课堂上闲聊、做各种与学习无关的事情，但他们逐渐会觉得不应该随心所欲，因为你很认真地在教室里来回走动。

表扬专注的行为

为了介绍最后一个实用策略，我们再次提及前文的观点：表扬过程。我们希望学生保持的过程之一是专注于手头的学习。在此基础上，通过努力完成我们布置的任务，学生能够取得最大进步。此外，把注意力集中到一项任务上比分散思维效率更高。

轻微违纪与专注学习相反，表明学生注意力不集中，我们希望在课堂上杜绝轻微违纪主要出于这个原因。

你可以表扬始终专注于学习任务的学生、小组（合适的话乃至整个班级）的表现，有力强化专注的观念。这样做可以强调积极的行为，并与消极的行为形成对比，因此进一步强调轻微违纪的影响。

围绕轻微违纪的问题总结如下：

- 再次明确轻微违纪无法接受。
- 通过强调高期望向学生传达上一条信息。
- 注意轻微违纪行为，发现后立即提出批评。批评轻微违纪要积极而坚定，让学生有机会选择如何改善行为。
- 发现问题，界定并适时实施惩罚。
- 赋予学生权力并让他们参与课堂，从而减少轻微违纪的吸引力。
- 改变你的语言习惯以便实现确保优良行为的目标。
- 表扬和奖励良好行为，包括专注学习、改正错误。

Creating Engagement

第七章

创造参与感

前一章探讨如何杜绝轻微违纪时，曾提及创造参与感的重要性。这个问题在营造积极向上、目标明确的课堂氛围中起到了至关重要的作用，因此需要更多关注，值得单独讨论。

创造参与感是指让学生专注课堂的方式，使他们认为自己是其中的一部分，有动力去实现教师规划的学习目标。参与感让学生感受到意义，从而促进良好行为。如果课程内容与他们的动机一致，而不是冲突，学生就会积极地配合教师、接受学习内容、完成布置的任务。因此，他们会更加专注，态度与你想要培养的课堂文化一致。

我们也可以从参与的反面，即心不在焉，去思考，进一步阐明参与的本质。心不在焉是指学生游离于课堂和学习之外，自己决定从心理上摆脱课堂内容和要求（常伴随肢体语言和面部表情的外在表现）。参与则相反，指学生决定积极投入课堂学习，并体现在言行举止中。

本章接下来的部分首先分析参与感重要的原因，然后再探讨各种实用的策略，以便教师形成自己的教学特点。

为什么参与感很重要

参与感重要的原因很多，3个尤为重要的原因分别是：

- 给学生创造意义。
- 有利于学生高效、专注地进行努力。
- 本质上，参与比心不在焉创造了更好的环境。

让我们依次简要探讨。

第一点，意义很重要。没有它，我们会感到迷茫、疏远和格格不入。这种感觉令人不适，我们不希望自己和别人经历。不幸的是，在许多学校，这种异化感比预期的还要普遍。如果学生认为课程和教师的要求在他们的生活中没有任何意义，他们就明显会有这种感觉。它也来源于挫败感以及无法在学校、课程允许的范围内获得认可的无力感。

第二点，能够高效专注地努力也很重要。如果无法做到，就会感到挫败——情绪上感到挫败，对试图实现的目标感到挫败，也可能两者兼有。不得不分散精力同时处理多项任务时效率会降低，无法聚精会神地做手头的事情也如此。这反过来降低了成功的可能性，促进了恶性循环——认为努力学习是徒劳，因此越来越不努力。

参与感可以缓解这些问题。针对第一点，参与感把学习与学生重视的事情联系起来，从而赋予学习意义。这可以是一种内在激励因素，比如希望自己得到提升，也可以是一种外在激励因素，比如可能取得好成绩。针对第二点，参与感让学生更加专注，因为能够集中并引导他们的注意力。原因很简单：如果我们投入到一件事情中，那么就会去关注。从这个意义上讲，参与本身就是回报，也能预示着自我实现：因参与其中而努力奋斗，并形成良性循环，从中受益。

第三点，本质上，参与比心不在焉创造了更好的环境。虽然每个人生活中重视的事情有所不同，但一般来说，所有人都珍惜促成自己及他人成长和幸福的积极经历，因此，参与其中比置身事外显然更可取，也只有参与才更有可能创造精彩、积极的课堂体验。

从已有知识入手

我们从已有知识开始，就是让学生有机会将学习与已经掌握的知识和理解联系起来，给予他们获取新观点和信息的途径，提高了他们成功的可能性，让他们意识到学习与生活和所处环境的联系。

以下3种方法可把已有知识作为出发点：

• 学习新内容之前，开展常规讨论活动，让学生探讨他们对该内容的了解，或者与之相关的知识领域。这样，你就有机会评估学生对已有知识的掌握程度，并据此规划课程，也有助于学生在讨论中了解接下来的内容，让学生做好准备，以便将已经掌握的内容与教师将要讲解的内容联系起来。

• 开始学习新单元时，先介绍重点内容，然后让学生确定3个问题问其他同学，了解他们对该内容的熟悉程度。问题确定后，要求学生在教室里走动，询问3～5名同学。这样做能够促进对已有知识的讨论，也让学生了解其他同学掌握的相关信息。

• 开始上课时，向学生介绍学习内容，展示3项相关信息。接下来，要求他们与搭档合作，把每项信息与3点已有知识联系起来。充分讨论后，让两人小组合为四人小组，交流想法。最后，请两到三个小组与全班同学分享答案。

激发兴趣的热身活动

课程开始是创造参与感的重要时间节点。如果一开始就能吸引学生的注意力，让他们全神贯注地学习，学生在接下来的课堂时间里保持投入就会容易得多。

以下是5个热身活动的例子，可用于激发兴趣：

• 当每个学生进入教室时，给他们发一张纸条。一半纸上写着问题，另一半写着答案。要求全班同学将问题和答案匹配，然后预测这节课的内容。

• 把标有“秘密任务”的信封放在学生桌上，里面写着各种要求，告诉他们需要为热身活动做的准备。

• 在黑板上写上问题或任务，同时设置两三分钟的倒计时。立即启动倒计时，要求学生尽快完成，这样做可以从一开始就制造紧迫感和兴奋感。

• 穿着与课程内容相关的服装，说明热身活动的要求，拍摄成一段视频。在学生坐下时播放这个视频，他们一定会反响热烈！

• 黑板上写着故事的第一部分，应该与课堂内容有关。开始读故事，读完要求学生续写或讨论后续内容。这种做法利用故事对学生心理产生的吸引，以此激发学生对课堂的兴趣。

结合现实

许多教师会听到下列类似问题，这清晰地表明学生的注意力越来越与课堂脱节：

• 这有什么意义？

• 我为什么需要了解这些？

• 这对我的生活有什么帮助？

这些问题有力佐证了之前关于动机的概念，动机对行为的影响，以及动机、理性、情绪和感性之间的联系。

充分反驳上述问题并非易事，但有助于让学生领略从未体会到的意义，从而吸引他们参与课堂学习。概述课程内容的现实背景是个很有效的方法，有助于把信息、观点与外面的世界联系起来，并在此过程中赋予意义。虽然我们往往无法证明学生在之后的生活中确实能够运用所学知识，但能够证明课堂内容的价值，因为它与我们所处的世界息息相关。

这样做还能与课堂之外的社会建立联系，这是许多学生的兴趣所在，因为能让他们感受到学校之外的生活以及课堂内容与成人世界的关系，也含蓄地表明校园经历是为成年生活做好准备（利用了大多数儿童和青少年对成长、成熟和独立的渴望）。

有许多把学习与现实世界联系起来的方法，包括：

- 口头解释
- 示范
- 看视频
- 阅读报纸上的文章
- 分析或解释现实问题
- 使用当下的例子
- 案例研究（下文将进一步探讨）

案例研究

我们会详细地探讨这种教学技巧，因为它行之有效、应用广泛，并且能够创造参与感。

案例研究通过描述案例，将抽象观点或者复杂信息置于现实世界的背景中，并提供具体例证（案例可以是真实的，也可以是虚构的，即使是虚构的，也要遵循现实世界的规则）。

比如，某项案例探讨从波兰移民到英国的工人，运用具体例证阐释抽象概念，比如推拉因素、经济驱动力和欧盟内的自由流动权。

这种方法之所以吸引学生，是因为能让他们了解课程内容、理解新信息并顺利完成学习任务。此外，能够让他们把研究的案例与自身或认识的人进行对比，有助于他们在学习和生活之间进一步建立联系，提高参与感。

案例研究可以在课程中的任何阶段使用。需要记住以下有效建议：

• 清晰的叙述十分有益，因为可以给学生提供一个能够理解、分析和记住的故事。

• 补充图片或视频可以让该方法更有吸引力，让学生通过不同的途径理解故事。

• 你可以先介绍案例，再介绍你想要学生学习的复杂信息和抽象概念，也可以颠倒顺序。按照第一种顺序，他们能够通过案例研究将复杂信息和抽象概念置于具体情境中进行学习，而按照第二种他们能够把所学知识应用到案例研究中。

解决问题

解决问题本质上是有意义的，因为它以明确设定的目标为基础。换言之，问题需要解决，尝试解决问题是目的，赋予该行为意义。

比如，我可以表达一些信息和观点，要求你学习；或者，我可以展示同样的信息和观点，要求你运用它们解决问题。后一种情况下，解决问题是明确目的，需要具备丰富经验以及对问题的了解。随之而来的是这样一种观点：解决问题是人类生活的重要特点；我们每天都在不同程度地解决问题，由此试图满足自己在所处环境中产生的欲望。

以下5种方法可以培养课堂上解决问题的能力：

• 重新表述学习目标、课堂成果、课程主题与活动主题，要求学生在上课过程中回答相关问题。

• 把活动拆分为一系列关键问题，鼓励学生把答对每个问题看作出色完成课堂活动的最佳方式。

• 把在科学发明和进步之前存在的问题作为学习的重点。比如，在讲授青霉素的发明时，先让学生了解之前存在的问题——无法有效治疗疾病。由此，你和学生可以继续探讨该问题，联系现实中发挥作用的情况，呼应青霉素的解决方案。

• 给学生分配调查员、科学家或侦探的角色。提出与学习内容相关的问题，提供解决问题需要的素材，由此开展的教学方式必定以调查为主导。

• 布置一系列问题，对学生提出的解决方法及时进行反馈。这样做给他们提供了成功试错的必要信息，让他们因此快速进步。

目标一致

如果师生目标一致，参与感很可能就随之而来，因为学生认为教师提出的要求与他们想要实现的目标一致，上文也多次提到了这一点。以下3个技巧能够进一步确立和传达共同目标，并发挥它的作用：

• 要求学生针对具体任务定义成功的标准。为此，介绍这项任务，解释涉及的内容，要求他们结对合作，确定可以称为优秀成果的3个要素。学生提出想法后，教师寻求各种建议，并将其写在黑板上。讨论出6或7条标准后，要求全班投票决定他们认为最重要的标准，告诉他们每人有3票，从所有标准中依次选出可能的成功标准。投票结束后，选出票数最多的3条并进行排名，为确立任务的成功标准奠定基础。

• 学年伊始，花3～5分钟与班上每位学生单独谈话。提出一系列问题，帮助你了解他们认为自己力所能及的事、希望在年底实现的目标以及实现的方法，然后把谈话记录在小本子上或电脑里。这样做有3个目的：第一，建立良好的师生关系，表现出对学生目标的兴趣；第二，了解全班学生的大量信息，为课程规划提供参考；第三，在这一年中，重温谈话记录，以提醒师生共同的努力方向。

• 开始新单元的教学时，介绍主题，给学生5分钟时间讨论他们想要了解的内容以及学习结束时想要达成的目标。为了帮助学生开展讨论，你可以提出可供参考的观点和启发思考的范围。时间一到，给学生一张纸，让他们标好名字后写下自己的目标。教师将其收集上来，课后花些时间浏览。可以利用这些信息规划课程，然后下节课告诉学生你读过了他们的目标，在接下来的课程中会尽力帮助他们实现。

在本单元的倒数第二节课，把纸条还给学生，要求他们评价目标的完成度、最后两节课需要完成的任务以及教师能提供的帮助。让学生与你分享这些信息，他们可以在你来回走动时告诉你，可以在迷你白板上展示，也可以写在纸条上然后交给你。

你会注意到，每一个技巧都能向学生证明课程是在帮助他们实现目标，师生为了共同目标而一起努力，令人备受鼓舞、全心投入。

提供支撑和树立榜样

如果学生觉得无法完成布置的任务，或者觉得成功遥不可及，很可能上课时心不在焉。他们会关注教师的要求，认为自己的水平和教师的期望之间存在着不可逾越的差距，不管这种看法是否正确。由此，他们开始认为即使在课堂上努力学习也无法得到认可（如果成功遥不可及，为什么还要费力呢？），因此可能产生疏离感。

提供支撑是解决问题的第一个技巧。先由教师引导学生完成一小部分手头任务，然后让他们自主完成剩余部分。这样做可以帮助他们缩小差距，认为学习是力所能及的事，因此能够按照教师的期望投入学习。提供支撑就是降低任务难度，让学生更容易完成，包括：

- 提供学生能够应用的模板或框架。比如，写作模板、听力模板和句子开头模板。
- 给出部分答案，解释其中原因，鼓励学生自主找到剩余答案。
- 单独向学生反复解释，以便他们了解你的期望、不同信息和观点的含义以及如何充分理解它们。
- 提出问题，帮助学生明确表达和完善自己的观点。这个过程能够加深理解，帮助他们以意想不到的方式完成学习任务。
- 将优秀案例作为范例，以便学生模仿或以此为出发点。

最后一个做法涉及广义的问题——树立什么样的成功榜样。教师要向学生说明在特定任务中成功意味着什么，包括模范案例和提供注释的案例，也包括：

- 直观地演示如何完成一项任务
- 口头示范如何有效回答问题
- 口头示范如何有效思考
- 示范如何达到教师为特定任务设定的成功标准
- 要求学生向同学展示如何完成任务或设法达到成功标准

每一个例子都是为了让学生获得成功，帮助他们明白为了投入学习、实现目标需要采取的行动。

为所有学生增加难度

没有挑战的课程无法吸引学生，因为仅仅要求学生重复学过的内容，他们无法感知到进步与成长。教师会失去新鲜感和冒险带来的益处，也忽视了学生的能力。另外，没有挑战的课程无法传达教师的高期望。反过来说，如果教师在每堂课上布置挑战性任务，就是想要从头到尾吸引学生的注意力，同时清楚地传达对他们能力的高期望，也说明教师认为他们有能力达到。

以下3个技巧可确保课堂内容对所有学生都具有挑战性：

- 努力了解学生的学习水平。评价课堂学习情况，聆听并观察学生，检查作业，提出问题，运用全班反馈的方法了解学生的学习水平，由此你可以增加难度。了解他们的现有水平就会明白什么对他们有难度，什么只是单纯的重复。

- 课堂活动期间，在教室里来回走动，针对不同的学生提出不同的问题。这些问题应具有挑战性，能够激励他们认真思考重点内容，而且针对不同的学生提出不同的问题，可以满足不同的需求，这方面布卢姆分类法提供了有效的框架。另一个方法是通过提问帮助学生实现从具体思维向抽象思维的过渡。学生能力越强，教师提的问题就可以越抽象，以此挑战他们。

- 为每项活动规划拓展任务和问题。这样做在确保班级大部分同学完成主要活动的同时，使能力较强的学生能够始终参与。

展示进步

根据课程规划和教学内容定期评价学生，记录成绩，分析他们的知识水平和理解程度，并与所期望的能力进行比较，因为学生很难对取得的进步有恰当准确的认识。

学生看待教学的方式与教师不同。对他们来说，学校的经历更像是一系列事件，共同构成了一天、一周、一个月、一个学期乃至一年，这种经历是连续不断的。由于儿童和青少年的时间观念不够成熟，他们很难批判性地看待取得的进步，也很难与以前的能力进行比较，这会导致学生无法投入学习。如果他们没有发现自己的进步，就可能不愿意刻苦学习、付出努力及专注于所布置的学习任务。

因此，想方设法向学生展示他们取得的进步将十分有益，会帮助他们把握自己的目标完成度，相信自己付出的努力的确有效，也将有所收获。

以下是3种可以运用的技巧：

• 把为学生设立的目标写在书的扉页上，追踪完成情况。每次学生认为自己达到目标时，要求他们翻到扉页，并记录达成目标的具体表现。教师给上交的作业评分时，可以在上面签字表示认可，也可以要求他们重新审视自己的目标，确认能否继续努力以圆满完成目标。

• 定期引导学生进行5分钟的反思。最简单的方法是召开全班会议，要求他们反思已经取得的进步。教师可以提出以下问题让学生作重点思考：

1.你学会了哪些以前不知道的知识？

2.你做到了哪些以前无法完成的事？

3.对于过去几周的学习，你会对以前的自己说什么？

• 每次期中的最后一堂课，安排20分钟的反思时间。利用这段时间回顾前半学期的学习情况，要求学生与几个月前的水平进行比较。然后，让他们写一到两段总结，详细说明取得的进步和后半学期需要注意的问题。

随着时间的推移，要求他们每次反思时，回顾之前的总结，这样就更容易看到自己取得的进步。

主动学习

主动学习并不是让所有学生站起来，在教室里来回走动，而是让他们积极地投入到手头的任务中。被动学习则截然相反，学生只是往椅子上一靠，课程内容左耳进右耳出。

学生坐着听，但是不关注讲授的内容，也不担心自己是否理解，这是被动学习的例子；学生阅读文章的同时，根据以前所学的知识进行分析，联系教师提出的问题，判断自己是否赞同其中的观点，这是主动学习的例子。

我有意将阅读作为主动学习的例子，是为了强调主动学习的形式多种多样，关键是学生应该积极主动、全神贯注地完成学习任务。

与被动学习相比，主动学习更能让人全心投入，原因很明显，主动学习确实能调动思维。此外，主动学习在本质上意义更重大，目标更明确，因为学生是根据已经了解的知识获取新信息，并以此达成一个或多个目标。

结论就是：将主动学习的目标纳入课程规划中能够创造参与感。无论开展什么样的活动，你都可以在各个阶段实现这一目标。

丰富多彩的课堂活动

最后一个创造参与感的实用建议是规划课程时采用丰富多彩的活动。前面章节提到，新鲜事物往往会产生刺激，让我们投入到任务中。同样，与此类似，广告商和营销者会不时制作新的宣传材料，而且就算与之前的产品基本相似，公司也会不断推出新产品。

规划课程时，特别是规划单元教学或者制订教学进度表时，你需要问问自己是否囊括了足够丰富的课堂活动。如果是，课堂参与度很可能随之提高。

本节内容至此结束。对上述观点总结如下：

• 参与感能够激励学生，让学习具有意义，往往可以促进良好表现。

• 上课时心不在焉的学生往往从身体和心理上逃避学习，他们可能希望通过其他方式在课堂上获得认可。

• 如果你把创造参与感作为课程规划和教学的重点，很可能会激励优秀的行为表现。

• 把学习与现实世界或以前的经历联系起来，能够鼓励学生参与课堂。

• 确保课程对所有学生都有充分的挑战性，找到帮助学生应对挑战的方法也会有所裨益。

• 设定和传达共同的目标是个好方法。

• 为了帮助学生主动学习，设法在课堂上避免令他们陷入被动状态。一种做法是开展丰富多彩的课堂活动，另一种做法是帮助他们切实看到自己取得的进步，以激励他们努力学习。

Building Rapport

第八章

建立融洽的关系

建立融洽的关系与创造参与感密切相关。上一章，我们列举了激励学生积极参与课堂的具体方法。这一章将探讨建立良好关系可以采取的策略和技巧，长远来看，这是有效行为管理的基础。

氛围积极、专注学习的课堂往往师生关系良好。这并不是说教师与学生是朋友，师生交往的准则是友好相处，而不是成为朋友，也不是说教师无法严格要求、实施惩罚或违背学生意愿强迫他们努力学习。绝非如此。

教师能够从课程规划、教学和评价等环节体现出与学生相处融洽：他们为学生的最大利益着想，并以此为出发点开展教学。这样做与友好相处一样，能够建立融洽的关系。如果他人为我们着想，我们就会抱有好感。

本章将探讨如何建立融洽的关系，先简要介绍什么是融洽的关系及其重要性，然后讨论实用的策略和技巧。

什么是融洽的关系

融洽的关系是彼此之间关系密切、和谐，双方能够理解对方的感受或想法。融洽的关系以良好的沟通为基础，如果关系不融洽，彼此之间的沟通很可能不尽如人意，一方或双方为沟通付出的努力就会徒劳无功。

融洽的关系往往意味着相互理解，而且大多数时候相互信任。鉴于所建立的和谐关系，我们达成一种共识：利益一致，积极支持对方。就算并非完全如此，但至少部分时间，尤其上课时一定如此。

在课堂上，融洽的关系表现为师生相互理解，齐心协力追求同一个目标：学生的成功。这种成功从狭义上来说可能是指考试成绩，广义上来说可能是指学习某个学科或享受课堂，从而获得成就感和创造力。

对这种融洽的关系我们都能辨别出来，因为它往往体现在微笑、默契的手势和肢体语言营造的轻松氛围中。这说明融洽的关系有助于我们与所处环境融为一体，消除了不确定性、矛盾或潜在的冲突，让我们处于舒适区，心态平和。

融洽的关系不是一朝一夕就能建立的，需要时间来培养。而且，与其他关系一样，要想保持融洽的关系，必须经常维护。有人认为，融洽的师生关系一旦形成就保持不变，也不需要教师付出一定的努力去维护。这样的想法是不可取的。

虽然一些方法可以快速建立融洽的关系，但培养这种关系的最佳方式是表达真情实感。我的意思是，如果不真正关心学生的成长和目标，就很难（但并非不可能）形成融洽的关系。至关重要的是，良好的关系往往建立在相互尊重和关心的基础上，而这源于一种共同信念：双方都有内在的价值，而且彼此重视。

为什么融洽的关系很重要

如果没有融洽的关系，行为管理就会更加困难，没有期待的和谐氛围和共同努力，学生可能对教师努力传达的课堂文化置若罔闻。此外，没有团结一致，为共同目标而努力的信念，师生互动就会黯然失色，这有碍于学生正面解读教师的初衷，也更难形成理想中共同的课堂规范和价值观。

在关系不融洽的课堂上，师生之间沟通不畅。可能误解很多，课堂气氛欠佳，大家的努力方向各自不同。最有可能的是，学生缺乏对教师的信任，不愿意相信教师表达的想法，也不愿意相信教师的要求以学生的最大利益为重。

相比之下，关系融洽的课堂往往更有成效，学生因此取得进步，获得成功，课堂体验更为愉快、充实。融洽的关系不仅让我们更有安全感、更舒适、更自在，还能循序渐进，最大限度地提高学习效果，尽可能地营造最好的课堂环境。

比如，如果师生关系融洽，教师每次要求学生改变行为、完成任务或思考问题时，都会得到默认和愉快的回应，教学将更为顺利。如果师生关系不融洽，学生会拒绝并质疑教师的要求，就算按要求参与活动，往往也敷衍了事。

融洽的关系如果能持续整节课，教师能节省大量的时间和精力，如果能持续一个学期或者一个学年，学生则能学到更多的知识。

最后我们要再次重申，融洽的关系不仅有利于提高学生的成绩，而且也能有力保证课堂体验更为轻松愉快，对于教师和学生都是如此。

从教学的角度来看，给相处融洽的班级上课更为愉快。教师积极上课，满心期待，学生也是如此。如果他们期待精彩的课程，就更可能有良好体验，教师也不例外。融洽的关系是实现这一效果的关键。

各种形式的沟通

如何建立融洽的关系？

首先要考虑的是教学中如何沟通。记住，教师的言行举止都在向学生传达信息：声音、肢体语言、着装、行为举止、言谈以及规划的课程都是提供给学生的信息，让他们解读、吸收。这些信息决定了学生对教师的看法，也影响了师生关系的建立。

显而易见，如果明白这一点，教学的每个环节都能够建立融洽的关系。关注传递的信息，调整表达的方式，这样你就可以促进良好关系的发展。

比如，你规划课程时，要组织得当、富有挑战，而且能够清楚表明你对学生水平的了解。这充分彰显了你的职业素养，也说明你在评价学生的进步时能够关注细节，以此让全班同学受益。

另一个例子是准时上课。我知道这听起来很荒谬，因为这样的要求太简单了！但我无数次看到教师上课迟到（单纯由于拖沓而非不可控的因素），他们不理解为什么难以与学生建立稳定、融洽的关系，因为他们不明白，不管是有意还是无意，迟到都会传达出学生能够识别、理解并记住的信息。

建立融洽关系的首要方法是关注与学生进行的所有沟通，确保传达的信息既符合又能反映想要培养的课堂文化。

积极和热情

在积极和消极二者中，几乎所有人都喜欢前者。此外，热情具有感染力。如果我们每次踏进教室都能态度积极、热情洋溢，那么对建立良好的师生关系大有裨益。

积极带来目标感。如果我们抱着积极的心态，就是在表明上课过程本身就十分有益。与之相反的是消极心态，这种心态假定上课毫无意义，应该批判。

我并不是在提倡盲目乐观的想法，忽略所有有待提高之处，假设一切都会好起来、一切都是理想的样子，而是在解释为什么积极态度对师生建立融洽关系有益，有时甚至影响深远。简而言之，我们更喜欢和态度积极的人相处，因为他们带来了正能量，传达出目标感，还能振奋精神。

谈到热情，我们必须再次强调，过度或虚伪的热情实际上并不利于建立良好关系，在这样的情况下学生会怀疑感受到的热情是否真实。一旦他们对真实性产生质疑，热情就不会产生应有的效果。但总体来说，热情具有重要作用，可以告知学生你很高兴给他们上课，你认为课堂内容生动有趣，整节课十分有意义。

没有热情的教师上课很无趣。当然，学习本身也不一定令人愉快，有时候仅仅是为了努力完成当下的任务，无论它多么无聊。但是充满热情的教师上课时能让我们印象深刻，而缺乏热情的教师则相形见绌。

热情不仅表现为精力充沛和显而易见的兴奋，如果这不符合你对自己课堂上的形象设定，那么没问题。相反，热情可以表现为兴趣，特别是对学习的兴趣，它是授课的基础。比如，想象一下一名文静而稳重的教师在谈论所教内容时热情洋溢，这种兴趣就表现为热情，是多种表达方式之一。

培养良好礼仪

热情和积极有利于理顺关系，便于合作，使彼此之间的相处更为融洽。礼仪也一样，在所有文化和社会中具有各种各样的功能，其中一个是向相处的人表明，我们考虑、体谅他们的感受。这体现在被他人以礼相待时我们的感受：感觉被尊敬和重视，认识到自我价值。

与之截然相反的是被无礼对待的感受：我们可能会觉得遭到冒犯、不受尊重、心烦意乱，部分原因在于我们认为这种行为违反了社交规范，也在于我们认为它是对自我认同感的冒犯，与应该受到的待遇不符。

由此可知，我们可以培养良好礼仪以建立融洽的关系。这样做会产生以下影响：

- 向学生表明你考虑他们的感受，对他们关怀备至。
- 为学生树立可以效仿的榜样，其中，尊重和关心他人的感受至关重要。
- 营造讲礼貌的气氛，让学生感到自在、安心，能够专注于学习。

值得一提的是，让学生注意到你的行为也可以培养良好礼仪。比如，如果有些学生没有完成布置的任务，你可以给他们示范不同的做法，希望他们效仿。

该技巧让学生主动意识到良好礼仪的思想基础，以及它们对行为产生的影响。从本质上来说，这样做能让隐含的意图转化为行动。

迎接学生

迎接学生进入教室，表明你很开心见到他们来上课，这样做能够建立融洽的关系。这也是在学生一进教室时就与他们交流的机会，也有助于培养良好关系。这种做法的另一个益处是将教室定义为由你掌控的共享空间。实现的方式是：通过欢迎仪式，证明你在引导课堂。但你不可能总是在门口迎接学生。比如，你在教学楼的不同教室连上两节课，这种情况下学生可能比你更早到达教室。

另一种做法是向全班同学打招呼。站在教室的前面，同时欢迎所有的学生进入教室。这样做我们能够意识到站在门口迎接学生的诸多好处，尽管此刻做不到。

表达兴趣

不言而喻，敷衍地欢迎学生表明教师对学生不太感兴趣，这对建立融洽关系没有多少益处。由此可知，表达对学生的兴趣是改善师生关系的好方法。

如果表现出对一个人的兴趣，就说明我们重视他。每个人都喜欢感到被重视。被冷落、被忽略令人不适，我们往往不想经历、重复这种感受。相反，如果有人对我们的想法表现出兴趣，我们就会对他们有良好印象，因此可能更想再次与他们交谈。

以下是5个如何及何时表达兴趣的例子：

• 向学生提问时，一定等他们回答完，然后通过肢体语言和后续问题表现出你的兴趣。

• 迎接学生时，适当提出具体建议或问题来表现你对某个学生的兴趣。比如："萨姆，你的作业做得怎么样？""嗨，珍妮，准备好认真上一堂课了吗？""拉胡尔，我想了一下上节课的问题，提醒我之后给你讲一下。"

• 记住学生的名字，经常点名。如果你很难记住，告知学生，让他们提醒你。

• 活动时，要么在教室里来回走动，让学生讨论学习内容，要么把他们逐一叫到教室前面单独谈话。

• 设法记住学生的个人信息，比如他们的爱好、兴趣以及未来的目标。你可能以后需要回想起这些信息，以便建立融洽的关系。每次这么做都是在表明对他们个人的兴趣。

课外与学生交谈

我们既可以在课上，也可以在课外与学生建立融洽的关系，每次在校内外看到学生都是与他们交谈、加深关系的机会。

偶遇学生时，简单的微笑和打招呼都会有积极作用。我们可以在课间或午餐时与他们聊天，或者签到前聊聊他们的学习情况，进一步建立融洽关系。这样做的目的是更大程度地表现出兴趣，并培养良好的礼仪，以此证明我们重视他们，珍视每个个体的价值。这种短暂经历带来的记忆、对教师的印象、教过的课程和内容会铭记在他们的脑海中。

每次课外见到学生都是进一步建立融洽关系的机会。亲切友好的交谈、微笑、认出彼此的表情和互相尊重的态度都能令人精神为之一振。

扮演角色

有时，如果我们难以和全班或个别学生建立融洽的关系，就可能需要扮演角色，从而走得更近。你需要改变通常与教师身份相关的行为习惯，采用另一种角色的行为方式，以便更有可能在短期内实现目标。

但这往往并非易事。建立融洽关系的常规做法无效时，扮演角色就很有必要。因此，我们必须克服某种对自我意识的无形束缚，比如，你面临这样的挑战：“我经常这样与学生建立融洽的关系，为什么这一次没有效果？是不是有什么问题？”

这样扪心自问很常见，但不恰切。如果无效，说明在特定情况下这种常规做法有问题，而不是你有问题。你需要思考：“常规做法无效时，应尝试其他什么方法？”

注意这两种思考方式的对象不同。第一种方式针对的是“我”，第二种方式针对的是“最恰当的方法”。思考对象的微妙变化让角色转变更为容易，我们不再把变化看作对个人身份的隐性冲击，而是作为利用不同方式解决问题的机会。

那么，扮演不同的角色意味着什么？

比如，我们上课时经常担任激励者的角色，但是发现有一次没有奏效，无法让学生参与，反而让他们与课堂脱节了。认识到这一点，就需要扮演不同的角色来建立融洽的关系。我们可以尝试担任提问者或引导者的角色，来确定更有效的方式。

从根本上说，这种做法让我们逐渐认识到，建立融洽的关系没有万全之策。灵活转换课堂上担任的角色让我们能够改变自己的行为方式。只需细微的改变，我们就可以应对班级的具体变化或某个学生过往经历产生的问题。

自嘲和幽默

自嘲就是展示弱点并敢于嘲笑自己。它之所以吸引人，是因为打破了观众和表演者之间的壁垒，对于课堂来说，就是打破了师生之间的界限，因为观众和表演者达成了默契，他们都知道游戏规则，也知道如何破坏规则来寻找乐趣。

幽默能够建立融洽的关系，因为笑声具有感染力，因为生活中的喜剧会让人轻松、愉快，也因为幽默基于互相理解。但有些幽默以排斥他人为出发点，把个人或群体当成笑柄。课堂应该避免这种类型的幽默，因为它会疏远被排斥的学生，也暗示课堂允许把学生分成不同等级的群体。

上课开玩笑或自嘲时，要把握好吸引学生注意力和贬低自己的分寸。过多的玩笑或过度贬低可能会打破课堂的平衡，使之偏离正轨，这种情况不利于行为管理。最后，你不得不花费大量精力让课堂回到正轨，暂时避免幽默和自嘲，甚至在短时间内更为严厉。

准确把握平衡需要仔细判断班级的氛围与变化，然后决定如何适度地幽默、自嘲。一般来说，你越了解班级情况，就越容易做出判断。

为了避免无意中造成不希望出现的情况，你需要一开始就尽可能少用幽默和自嘲的方式。不是说完全不用，而是从少量开始，这样你就可以快速简单地判断产生的效果，然后以此为参考，决定未来的做法。

某些班级对幽默反应平平，而某些班级则反响热烈。事先尝试能够提前了解这一点，有助于调整、把握这种做法，巧妙平衡你想要建立的融洽关系。

妥善安排课程的开头和结尾

课程开始和结束时营造平和、积极的氛围能够建立融洽的关系，因为学生对这部分的记忆往往比其他环节更为深刻。我们接下来会依次进行探讨。

妥善地开始上课就是让学生进入教室，目标明确、态度积极地开始学习。为此，我们可以在门口迎接他们，提出问题，表达兴趣，做好准备，展现热情，设计吸引他们的热身活动，让他们体会成就感，激发他们的思维。

对以上内容总结如下：

妥善安排开头的关键是，课程开始时让学生明白建立融洽关系的具体意图，以良好的方式开始课程从而巧妙处理师生关系。这样做能够明确传达你的期望（前文已经探讨过），同时也让他们在接下来的课程中期待后续部分和开头一样精彩。

妥善结束课程就是给学生留下积极的印象，创造美好回忆，为融洽的关系奠定基础，学生下次见到你或者上课时很可能会重温这种感觉。以下是5种妥善结束课程的策略：

- 注意时间，在课程结束前三到四分钟准备下课。这样做能够控制局面，避免学生匆匆忙忙收拾东西时造成混乱。
- 下课前向全班表示感谢。感谢要具体，关注学生的优秀表现，比如面对挑战时专心致志、努力学习。
- 单独提出表扬，重点称赞他们上课过程中的具体表现。
- 具有幽默感。你可以开一个温和的玩笑，或者调侃一下课堂上发生的事情，学生离开教室时会感到心情愉快。
- 简要提及下节课的学习内容。这样做能表达你的期待，同时也能解释为什么学生会感兴趣。

给予个性化反馈

反馈让学生了解自己表现优秀的地方及其理由，告诉他们如何改进，引导他们用不同的方式思考。

个性化反馈强调教师对学生的重视，把他们的最大利益放在心上，从而建立融洽的关系。不针对个人的反馈更有可能被置之不理、视而不见，也可能被解读为教师对学生缺乏关心，无论是否属实。

口头和书面反馈都很容易做到个性化。反馈的时候你要先提及学生的名字，然后做出点评，证明你仔细检查了他们的作业。为此，你需要阅读他们所写，倾听他们所言，观察他们所为，再进行评价或提出问题。

周而复始，这种做法不仅能够帮助学生取得巨大进步，而且让他们牢记：你愿意帮助他们学习，因此会关注他们的成果。

来回走动，给予帮助

来回走动、给予帮助是建立融洽关系的最后一个技巧。前文提过，来回走动的同时需要密切关注学生的行为。随着时间的推移，学生逐渐接受并达到教师的高期望，也认同了构成期望的规范、价值观、角色和获取认可的方式，来回走动就会越来越容易达到这些目标。这样，你能够把更多的时间用于帮助学生，有助于他们学习。你能够给予建议和指导，提出意见和问题，进一步给学生留下深刻印象：即你一直支持并帮助他们学习。

同时做到来回走动和帮助学生可能很难，因为你既需要观察他们的表现，又要保证他们专心致志。你可以尝试另一种方法：把学生叫到教室前面，在讲桌前讨论他们的作业。这种方法并不理想，但既可以关注学生表现，又能够给予特定帮助。

结束本节内容之前，需要注意以上所有观点都有一个共同的核心：课堂上建立融洽关系就是要营造积极的氛围，向学生表明你对他们的重视，说明你想帮助他们取得进步。如果你的整体行为能够传达出这些关键信息，就有利于建立融洽的关系。

以下为本章内容的小结：

- 师生关系融洽意味着与学生建立和谐积极的关系，有共同的目标，能够互相理解。
- 融洽的关系十分重要，因为它有利于营造专注的学习环境，便于管理行为，极大地促进课堂取得成效、让学生学习更多知识并享受学习的过程。
- 沟通交流的每个环节都会传达出信息，这些信息可能会支持或阻碍建立融洽的师生关系。

• 把学生当作个体对待，体现出对他们的重视，明确表达对他们的观点、成长和成功的兴趣，这些都有助于融洽关系的建立。

• 如果态度真诚，那么建立融洽关系的做法就会更加有效。

Common Problems and Scenarios

第九章

常见问题和情形

本书的倒数第二章关注教学过程中的常见问题和情形。我们前面探讨的内容都有利于解决这些问题，也可以阻止问题的发生，但在遇到困难的时候，本章具有参考意义。

这里列出的问题和情形并不全面，但涵盖了课堂上发生的大多数问题，每个问题提供了3个解决方案。原因如下：

第一，并非所有问题或情形的具体例子都相同，因此仅提供一种可能的解决方案也许帮助不大；第二，你肯定有自己的教学风格、行为管理方法和师生相处模式，我希望能通过多种解决方案为你提供大量信息，你可以根据自身需求加以改变和调整；第三，解决行为问题并不是一门精准的科学，本书囊括的各种技巧和观点证明了这一点。当然，我所说的特定问题只能以特定方式解决，并非自相矛盾。

接下来将探讨常见的情形以及可能的解决方案。

拒绝完成任务

解释：一名或多名学生拒绝完成布置的任务。

解决方案1：设法找到问题的原因。学生是不理解任务内容，还是不知道如何完成？你可以刨根问底了解学生对任务的理解。如果效果有限，重新解释你的要求，并为他们示范如何全力以赴。你可能也想判断布置任务时是否有含糊不清的地方，如果有，就简单说明一下。

解决方案2：如果学生缺乏动力，就把完成任务与更长远的目标联系起来。比如，你可以提醒学生目前为之奋斗的目标或者表现良好、取得成功的普遍愿望，解释为什么你提出的要求对他们有益，同时进一步说明或示范如何完成任务。然后，告诉他们开始任务时你希望他们采取的具体步骤。

如果他们这么做，就对过程加以表扬。比如："感谢你采纳我的意见并付诸行动，可见你很成熟，能够做出明智决定。"

解决方案3：向学生重申你的要求。课堂上，完成所有作业是每个学生必须达到的最低标准。把这项要求与你的长远目标联系起来，即尽可能地帮助学生学习，有效利用上课时间。你可能想要对班上其他学生的完成情况做出总体评价，这样做是在暗示没完成任务的学生可以选择付诸行动，进行效仿，也可以固执己见——你要告知他们这两种选择产生的不同后果，要求他们做出积极的选择。如果他们接受建议，就加以表扬；否则，针对他们做出的选择，说明并实施惩罚。

寻求关注

解释：一名或多名学生想要寻求教师或同学的关注。

解决方案1：在全班同学完成你布置的任务时，把寻求关注的学生叫到教室前面谈话。说明你已注意到他的行为并询问原因。如果他无法解释，你需要告诉他这种行为会对其他学生的学习产生不良影响，因此需要停止。如果他说明了原因，判断是否合理。也许他真正需要的是得到关注，你可以用积极的方式满足他，比如，在开展课堂活动之前倾听他的想法。

解决方案2：如果一名或多名学生在你跟全班同学讲话时插话吸引大家的关注，立刻停下来，这样对他说，"课堂的目的是学习，我需要引导大家学习，你这样做会妨碍我。我不希望出现这样的情况，你知道自己可以表现得更好。如果你继续分散我的注意力，我会要求你离开教室，我讲完你才能回来"。这样做是在态度坚决地重申要求，说明干扰课堂会影响整个班级的学习，强调行为都有相应后果。

解决方案3：一些学生很难克制对关注的渴望。这种情况下，与他们一起找到可行的方法往往是个好主意。师生共同确定妨碍学习的行为，一起努力杜绝或尽量减少这种行为。你可以把学生叫到一边，也可以在教室外与他们谈话，说明你已经注意到他们的行为难以接受。问他们师生怎么做才能合力改变现状。由此，你们可以一起制订策略，比如学生说话前先数到十，教师用非言语的方式示意学生，或者学生把想法和观点写下来，全班讨论时再说。

干扰他人

解释：某学生干扰到了整个班级、邻座同学或者小组成员。

解决方案1：设法确定扰乱课堂秩序的原因。如果该学生形成了固定的行为模式，他可能认为这种行为是被允许的，需要纠正他的态度。如果这看似偶然事件，那么他可能今天心情不好、午饭后过度兴奋或者学习遇到困难。与学生谈话，确定扰乱课堂秩序的原因后，你就可以妥善处理了。你也可以问学生，如果站在你的立场，他会如何解决这个问题。

解决方案2：将干扰他人的学生调到教室里可以单独学习的地方，从而把他们与其他同学分开。可以是你的讲桌，也可以是讲桌旁边的空位。你一定要解释这样做的原因，并把实施的惩罚与学生的行为联系起来。你要强调学习的首要地位，表明不允许出现妨碍学习的行为，告知他们现在有机会做出积极选择并改变行为。在你的注意力移开之前，确保他们能够开始学习——表明惩罚他们行为的同时你不会减少对他们学习上的帮助和支持，这至关重要（也有力地证明了你的所作所为是为了他们好）。

解决方案3：如果结对或小组合作时出现扰乱课堂秩序的行为，你要向学生表明你对他们参加该类活动的行为有一定要求，强调开展活动是因为对学习有益。说明你期待该学生如何表现，解释其重要性以及对所有人有益的原因。清楚地告诉学生现在可以做出选择：或者按照你的要求改变行为，或者保持原状。如果他们改变行为，一定要加以表扬；如果他们选择保持原状，就惩罚他们暂时不能参加结对或者小组合作。

挑战教师的权威

解释：学生挑战教师的权威。这可能表现在对你的要求和实施惩罚做出的反应中或者是破坏班级、学校以及社会规范的行为里。

解决方案1：如果学生在全班同学面前挑战你的权威，尽量避免形成某一方不得不让步的僵局，这往往会让情况更加糟糕，导致更严重的问题。你需要针对行为而非学生，解释这种行为不恰当的原因以及给你带来的感受（学生很难反驳你的感受，但你要保证表述简洁）。比如："罗拉，你刚才的表现不符合要求。你这样跟我说话，妨碍了全班同学上课，我很生气。我不会这样跟你说话，我认为你能够表现更好。"这样做是在试图缓解紧张的气氛，让学生反思行为的后果以及本可以做出的其他选择。如果学生仍旧不改，就要接受惩罚，比如离开教室；如果他们停止了这种行为，问问发生了什么，为什么那么做。

解决方案2：有时很难当场应对挑战权威的学生。比如，你可能更关心班上其他同学的学习，而不愿意花精力对付说风凉话的学生。这种情况下，你要把这种行为记在心里，下课时要求该学生留下来，谈谈他们的表现，明确表示你注意到了他们的行为并对此不满，不希望这种情况再次发生，否则你会通知相关领导，比如年级主任或组长，让事态激化。

解决方案3：偶尔学生会严重挑战你的权威，你别无选择，只能跳过纠正行为的过程，直接实施惩罚。比如，学生上课迟到，不仅目中无人，还隔着座位与朋友大呼小叫。这种情况下，最好立即实施惩罚，强调难以接受他的行为，但要全程保持冷静。意外发生的严重行为可能会导致情绪化的反应，当然，你也许认为这种情况下有必要流露出情绪。但你需要深思熟虑，而不是付诸行动——这样你就可以控制情绪并借此表达反对意见。惩罚学生后，扪心自问为什么他会这样做——不可能无缘无故。和学生谈话时，这样消除戒备："你的表现让我大吃一惊。我担心其中肯定有原因，可以告诉我吗？"这样做会出乎他的意料（他可能准备好要和你大吵一架），但是要清楚地表明你会纠正他的不良行为，而且你的首要目标一直都是帮助和支持他。

无视要求

解释：一名或多名学生有意或无意地无视你的要求。

解决方案1：弄清楚学生为什么无视你的要求。问他们是否理解，是否需要重新解释。如果需要，你可以提供额外的帮助和信息；如果不需要，要求他们完成布置的任务。这种做法难以反驳，因为你是出于兴趣支持他们。如果你清楚地说明自己会想方设法帮助他们，很少有学生不听从要求。

解决方案2：表扬听从要求的学生。表扬时要引人注目，说清楚学生的选择与相应的学习成果之间的关系，吸引不听从要求的学生，你可以这样说："马库斯，我想看到的是唐娜和海莉那样的表现，他们专注于学习，谢谢。"这样做是在为他们树立可以效仿的榜样，既避免他们以不理解要求为借口，又间接促进了积极行为。

解决方案3：如果个别学生没有听从要求，与你课上习惯看到和期待的表现截然相反，要求他们到教室前面和你谈话。他们走到你面前时，你要说明，班级其他同学都在专心致志、积极努力地学习，你不希望继续出现妨碍学习的行为。你可以询问他们是否需要重新解释要求，如果需要，就再讲一遍；否则就让他们回到座位上做出积极的选择，专心学习。

行为无礼

解释：学生对教师的态度、行为以及语言粗鲁无礼。这种情况常发生于其他学生面前。

解决方案1：马上训斥，否则无礼行为往往会继续，甚至愈演愈烈。不直接处理就是在暗示，某种程度上允许这种行为，那些学生可能重蹈覆辙。你需要让学生注意这种行为是无礼的，必要的话说明原因（有些学生可能没有意识到）；表明不希望这种情况再次发生；告诉他们，如果没有达到要求会有什么样的惩罚。惩罚方式取决于你对当时情况的判断（口头训斥往往就能让他们做出积极改变）。

解决方案2：提醒学生课堂文化中的要求、规范以及价值观，让他们解释自己的无礼表现是否与之相符。答案毫无疑问。在大多数情况下，学生会承认并接受委婉的批评；否则，要解释他们必须这么做的原因，然后让他们有机会改正。如果能改，非常好；反之，实施惩罚，让事态升级。

解决方案3：礼尚往来。你需强调，行为就是沟通，你沟通的方式反映了希望的回应方式。向那些学生表明，你不会无礼地对待他们，因此也不希望他们那样对待你。重点说明，他们走进教室时，一定程度上期待别人对他们以礼相待、予以尊重，但如果他们继续无礼行为，期待就会落空，他们也得不到别人的礼貌和尊重。给学生积极改变的选择，如果不改正，你就实施惩罚，并解释这是无礼行为的直接后果；最后再给他们道歉和改正的机会，让他们了解如何纠正错误。

总是迟到

解释：一名或多名学生总是上课迟到。

解决方案1：向全班同学解释为什么迟到是个问题，以及迟到会受到的惩罚。明确你的要求，表明在什么情况下没有达到期望可以接受（比如，其他教师拖堂，上学路上交通堵塞）。在未来几周内，无论总是迟到还是偶尔迟到，都要严格执行惩罚规定，准时率很快就会因此提高。

解决方案2：可以说，迟到不仅是个别教师的问题，也是整个学校的问题。这并不意味着教师可以推卸责任，而是应考虑直接获得学校更多部门的支持。询问学生迟到的原因，如果没有合理的理由，说明你的惩罚方式，联系负责学生身心健康的辅导教师，让他们与你一起实施惩罚，并向迟到的学生传达高期望。惩罚之后必须清楚解释为什么不允许迟到。

解决方案3：有些学生很难做到准时。他们可能总是迟到，但不是故意拖拖拉拉，而是没有掌握准时的技巧和方法。这种情况下，你应该教他们如何避免迟到，比如使用一些基本的方法：争取提前而不是上课才到；戴着手表，想好离开操场的时间。对于准备不足的学生，这些都是全新的体验，你要确认一下迟到的学生是否掌握了它们，这样就有机会在恰当的时间进行指导。

学生上课心不在焉

解释：学生上课时心不在焉，常表现为被动、冷漠，往往从身体和心理上逃避学习。

解决方案1：把学生带到一边，问他们为什么心不在焉，深入了解是否在课堂主题、内容以及学习环境方面存在具体问题。有些问题可以解决，而有些问题学生不得不面对。这样做的同时你能够获得有用的信息，以便帮助他们重新投入到学习中，也表明你对他们的想法感兴趣，想要提供帮助。这能让你建立融洽的关系，意识到有时候学生心不在焉的根本原因是：他们想获得教师的一点关注。

解决方案2：将该学生与乐于助人、热情洋溢的搭档组队。你可能需要调整座位，或者指导每一对搭档完成任务（巧妙地关注这一对特殊搭档）。观察心不在焉的学生与搭档合作时效果如何。如果有效，就保持不变；如果无效，则进行干预，鼓励他与搭档积极合作。这样做可以激起该学生内心对互动的期待，从而改变心不在焉的行为。

解决方案3：向心不在焉的学生强调你的期望，即他们需要在整节课上全神贯注。将这一点与长远的课程目标联系起来：促进学习、取得最大进步；可以的话也与学生自己的目标联系起来。让他们有机会解释为什么心不在焉。如果没有理由，让他们专注于你的期望和手头的任务；如果有理由，先解决问题，然后重新引导他们专注于任务。

全班乱作一团

解释：全班同学大吵大闹，无法安静下来，不按照要求控制音量。

解决方案1：规划课程时，让学生没有机会吵闹，即不安排小组合作和讨论活动。你要向他们解释其中的原因，说明课堂上的音量不符合你的要求，如果之后的几节课里他们态度良好，你会逐步恢复小组合作和讨论。这样做把以后的课堂安排与学生做出的选择和付出的努力联系起来。

解决方案2：创造一种划分音量等级的方法。比如，从安静到吵闹划分出五个等级，向学生解释，让他们有机会了解每个等级的音量。开展活动时，指出具体的等级，告知他们适用于该任务的噪声等级。噪声过大时，提醒大家注意，并要求他们做出改变。这是个好方法，帮助学生了解他们的音量，理解教师的具体要求。

解决方案3：如果想让学生保持安静，从五倒数到一，然后等待。让学生养成习惯，迅速做出反应，期待全班安静下来。表扬听从要求的学生，并提醒不听话的学生。这样的方法可以高效控制课堂上的噪声，而且可以反复使用。

学生心态浮躁

解释：同学之间的关系和互动某种程度上会妨碍学习，可能会造成消极的互动，营造令人不适的氛围，导致不专心学习的同学占大多数。

解决方案1：重新安排座位。这是最简单、最常见的备选方案。学生所能看到、影响、交流的同学对班级风气有很大的影响。如果你注意到座位安排不利于创造积极向上、专心学习的氛围，需要进行检查、做出调整以改善现状。下次上课时在黑板上公布新的座位安排，要求学生严格遵守。为了达到最好的效果，座位安排不允许改变，不容协商。

解决方案2：改变座位的布局。小组座位改成线形布局是否更好？线形布局改成U形布局是否更好？观察重新布局后的结果，有助于判断这样的改变是否会产生积极影响。一般而言，线形布局面向教室前方，教师能够最大程度地管理学生。如果你教的班级特别活跃，浮躁氛围普遍存在，学生很难一直达到你的要求，那么这种办法能够有效改变局面。

解决方案3：做好课程规划，避免滋生浮躁风气。如果班上的学生经常互相打闹，甚至干扰了学习，那么尽量减少小组互动的机会。同样，如果不专注学习的学生占大多数，设计小组任务，将他们分开，让每组分心的学生少于专注的学生。

哗众取宠

解释：某个学生因哗众取宠而获得认可，但乐此不疲，结果忽略了学习。

解决方案1：告知该学生获得认可的其他方式。可以让他们负责一些任务，如分发图书，或者找出讨论中最有趣、最深刻的观点。也可以一对一给学生指导，帮助他们取得进步从而获得认可，减少哗众取宠带来的心理安慰。

解决方案2：为这种学生明确界限，区分适合开玩笑的时机。你要强调，如果玩笑会干扰学习，让同学无法达到课程要求，那就不合时宜。这样的做法允许他们在课堂上有些乐趣——在大多数情况下有助于取得最佳的学习效果。但同时教导他们，学习必须优先于玩乐，后者必须服从于前者的需要。

解决方案3：要求学生课后留堂。你要先解释观察到的行为，指出为什么引人发笑往往是一件好事，表扬他们为此付出的努力；然后问他们课堂是否是追求乐趣的地方，为什么不投入更多精力高质量地完成学习任务，是否考虑过在课余时间里讲笑话，明确区分休闲娱乐活动和课堂活动。这样做表明你有幽默感，欣赏学生逗人发笑的能力，同时也教导他们明确区分这种行为的合适时机。

自暴自弃

解释：学生不愿意挑战自我或付出努力，认为这样做无济于事，因为智力归根结底是一成不变的、与生俱来的。

解决方案1：表扬学生参与的过程，尤其是付出的努力。你要传达并强调这种观点：无论水平高低，每个学生都可以做出尝试。这样能够颠覆努力不一定有回报的固有观念，具体表现为：积极强调付出努力，让大家当作值得遵守的规范。

解决方案2：举例说明为什么智力可以改变以及如何改变。简单的做法是让学生比较一下一年前掌握的知识和现在掌握的知识。让他们解释为什么智力有所提高，然后你把他们付出的努力和发生的变化联系起来（如果他们没有尝试过的话）。另一种做法是告知学生大脑的基本结构，向他们说明神经元网络具有可塑性，会随着时间的推移而改变，我们的用脑方式和付出的努力都能对此产生重大影响。

解决方案3：把接受挑战和从错误中学习作为课堂规范。如果作业太容易，你要让学生告诉你，向他们表达歉意，再布置更难、更有挑战性的任务。你要注意表达方式，避免无意中让学生感到你在惩罚他们，而是将任务重新定义为学习的机会——尤其是从错误中学习的机会。

闲 聊

解释：两两搭档、小组或者全班学生往往会讨论无关学习的事情。他们可能会抗议，认为没有影响，“因为他们依然在完成任务”；也可能不为自己的行为找借口。

解决方案1：直接切入主题。如果聊天的同时也在学习，那么可以接受。为此，要求学生反思上课的主要目的，与课间休息、午餐时间的目的进行比较。这样做是为了让他们更明确地区分学校生活的不同时间段，明白自己有充分的时间聊自己感兴趣的事。结论是，课堂上没有理由耗费精力和注意力聊天，学生应把所有的精力高效地用于学习。

解决方案2：强调你的要求。比如，一群学生在主要活动中闲聊，你需要走过去，询问拓展任务的进度。如果他们说还没有完成，你要表现出惊讶，并解释：你以为他们一定在拓展思维，因为他们竟然有时间把注意力转移到其他事情上。告诉他们你很失望，希望他们所有人在接下来的10分钟内（或其他合适的时间长度）都能专注于拓展任务。这种方法使学生重新了解你的期望，提醒他们行为和后果之间的联系（后果就是受到批评）。

解决方案3：利用你的座位安排，把关系密切的学生隔开，确保他们不太可能与邻座同学闲聊。这需要你对全班同学至少有一点了解，所以一开始可能无法做到，但在新学年的几个星期后，你应该清楚需要做出的调整。

总之，对于上述问题的共同要点做如下概述，以分析应对不同问题和情形的方法：

- 为了有效解决任何行为问题，你必须积极主动、坚决果断。
- 分析出现的问题及其原因，以此为基础做出决定。

- 明白大多数问题都可以有多种解决办法，更好地管理行为需要尝试各种办法、检验是否有效并以此改善日后的决定。
- 管理课堂行为时需要保持积极和坚定的态度，提醒学生你的要求，也为他们提供选择。
- 不要期望所有问题能立刻消失。大多数情况下，你需要长期坚持自己的解决方案，让学生养成新的行为习惯。持之以恒吧！

第十章

课堂管理的关键

本章汇总了前面各章的总结，便于在必要时为你提供参考。

第一章　课堂行为的重要性

- 行为指的是外部行为，包括言行举止。
- 行为是有缘由的，受外因、内因和内外因共同影响。
- 行为会传达信息：有些明确，有些模糊；有些是有意的，有些是无意的；有些能直接观察到，有些只能间接了解。
- 所有的信息都会被其他人解读，并且可能与想要传达的信息不同。
- 许多行为源于动机，而这些动机源于理性、感性和潜在情感。
- 儿童和青少年处于学习阶段，他们的成长包含了对行为的学习，因此每位教师需要讲授的不仅仅是课程。
- 儿童和青少年的行为可以塑造且易于改变。

第二章　行为管理的核心

- 文化由规范、价值观、角色和身份构成。
- 你的课堂文化取决于如何定义上述要素。
- 定义了理想的课堂文化之后，你应清晰、一致地告知学生。
- 保持高期望是一个好方法，它应该是你进行行为管理的基石。
- 如果你明确课堂文化的组成部分，告知学生时就能处于更有利的位置，他们也更容易达到甚至超出你的期望。

第三章　课堂中的规则、界限和一致性

- 需要明确规则并加以阐述。

- 规则应该反映你想要培养的课堂文化，落实规则需公平、公正。
- 需要明确界限并加以阐述。
- 界限应该与规则紧密相连，谨慎执行。
- 需要明确惩罚并加以阐述。
- 实施惩罚时应该谨慎、公平、始终如一。
- 坚持一致是培养良好习惯的关键。

第四章　教学规划

- 课程规划会对学生行为产生巨大影响。
- 记住这一点能够提高规划效率。
- 让学生体验到成功的感觉，布置难度适当的任务，做到这两点总是有所裨益。
- 预测学生的课堂体验，这样你就有机会在正式授课前做出重要调整。
- 准备充分、组织有序有助于你高效地管理学生行为。
- 你在授课时得到的信息可用于后续的课程规划，比如学生的反应、专注程度和参与活动的积极性等。这样做可以提高工作质量，强化课程规划对行为管理的效果。

第五章　善用表扬

- 寻找机会表扬学生，包括那些可能被忽视的学生。
- 表扬要真诚而具体，以表扬过程和努力为重点。
- 运用口头、书面和非言语表扬。
- 用表扬来促进你想要看到的积极表现，包括间接激励（比如，让学生看到其他同学受到表扬）。

• 把表扬作为奖励，认可个人、小组和班级在课程和活动中付出的努力、完成的任务。

• 记住，表扬是一种获得认可的方式，寻找机会提出表扬时要考虑到这一点。

• 表扬不一定要局限于课堂。你可以寻找其他机会，通过表扬来建立融洽的关系，鼓励并帮助学生取得成功。

第六章 杜绝轻微违纪

• 再次明确轻微违纪无法接受。

• 通过强调高期望向学生传达上一条信息。

• 注意轻微违纪行为，发现后立即提出批评。批评轻微违纪要积极而坚定，让学生有机会选择如何改善行为。

• 发现问题，界定并适时实施惩罚。

• 赋予学生权力并让他们参与课堂，从而减少轻微违纪的吸引力。

• 改变你的语言习惯以便实现确保优良行为的目标。

• 表扬和奖励良好行为，包括专注学习、改正错误。

第七章 创造参与感

• 参与感能够激励学生，让学习具有意义，往往可以促进良好表现。

• 上课时心不在焉的学生往往从身体和心理上逃避学习，他们可能希望通过其他方式在课堂上获得认可。

• 如果你把创造参与感作为课程规划和教学的重点，很可能会激励优秀的行为表现。

- 把学习与现实世界或以前的经历联系起来，能够鼓励学生参与课堂。
- 确保课程对所有学生都有充分的挑战性，找到帮助学生应对挑战的方法也会有所裨益。
- 设定和传达共同的目标是个好方法。
- 为了帮助学生主动学习，设法在课堂上避免令他们陷入被动状态。一种做法是开展丰富多彩的课堂活动，另一种做法是帮助他们切实看到自己取得的进步，以激励他们努力学习。

第八章 建立融洽的关系

- 师生关系融洽意味着与学生建立和谐积极的关系，有共同的目标，能够互相理解。
- 融洽的关系十分重要，因为它有利于营造专注的学习环境，便于管理行为，极大地促进课堂取得成效、让学生学习更多知识并享受学习的过程。
- 沟通交流的每个环节都会传达出信息，这些信息可能会支持或阻碍建立融洽的师生关系。
- 把学生当作个体对待，体现出对他们的重视，明确表达对他们的观点、成长和成功的兴趣，这些都有助于融洽关系的建立。
- 如果态度真诚，那么建立融洽关系的做法就会更加有效。

第九章 常见问题和情形

- 为了有效解决任何行为问题，你必须积极主动、坚决果断。

- 分析出现的问题及其原因，以此为基础做出决定。
- 明白大多数问题都可以有多种解决办法，更好地管理行为需要尝试各种办法、检验是否有效并以此改善日后的决定。
- 管理课堂行为时需要保持积极和坚定的态度，提醒学生你的要求，也为他们提供选择。
- 不要期望所有问题能立刻消失。大多数情况下，你需要长期坚持自己的解决方案，让学生养成新的行为习惯。持之以恒吧！

结　语
Conclusion

回顾引言中提出的观点，概括如下：

我们所教的儿童和青少年一直处于学习过程中，内容不仅限于正规课程，还包括行为、礼仪、道德和不成文的社会规则。

行为是可以学习的，每个人都可以改变和成长。

教学的方式、规划的课程、传达的期望、提供的选择、实施的惩罚、做出的解释、创造的参与感、提出的表扬和呈现的一致性，都能够塑造学生积极向上、勤奋努力、专注学习的行为。

这往往并不容易，实际上有时十分困难。但面对挑战和困难，只要你能够坚定目标，持之以恒地努力，并且承认每个人都需要学习，长此以往将有利于改善行为。日积月累，你就能感受到学生发生的变化，从而明白所有努力都不会白费。

希望本书能让你和学生受益匪浅。祝你在实现优秀行为管理的旅程中一路顺风。